Ausdauer und Härte zeichnen den Vollblutaraber als Reitpferd ebenso aus wie Gelehrigkeit, Dienstbereitschaft und feinfühlige Reaktion auf die Hilfen – Reiten mit unsichtbaren Hilfen –: Der Autor auf seiner 7jährigen Vollblutaraberstute: SHAMS EL SHAMAR II *v. Shahal u.d. Marsuka, gez. im Gestüt El Shams. Delingsdorf, von Frau Doris Saenger. Foto: B. Saenger*

Saenger · Arabischer Adel

Documenta Hippologica

Darstellungen und Quellen zur Geschichte des Pferdes

Begründet von
Oberst H. Handler, Oberst W. Seunig,
Dr. W. Uppenborn, Dr. G. Wenzler

Herausgegeben von
Brigadier K. Albrecht, Spanische Hofreitschule,
General P. Durand, Cadre Noir,
H. J. Köhler, Prof. Dr. E.-H. Lochmann,
E. v. Neindorff, Dr. B. Schirg

1996
Olms Presse
Hildesheim · Zürich · New York

Otto Saenger

Arabischer Adel

Sehen – Erkennen – Werten

Die Beurteilung
des Vollblutaraberpferdes

1996
Olms Presse
Hildesheim · Zürich · New York

2. ergänzte Auflage 1996
© by Georg Olms AG, Hildesheim, 1990
Alle Rechte vorbehalten
Printed in Hungary
Gedruckt auf säurefreiem Papier
Satz: Hannelore Kniebes, Babensham
Umschlagentwurf: Prof. Paul König, Hildesheim
Umschlagmotiv: Farag (Morafic – Bint Kateefa), Foto: T. Miček
ISBN 3-487-08313-2
ISBN 0-175-9108

Sehenlernen beansprucht in allen Künsten die längste Lehrzeit.

Jules et Edmond de Goncourt

INHALTSVERZEICHNIS

VORWORT

Die Zucht des Vollblutarabers hat in den letzten Jahrzehnten weltweit einen bedeutenden Aufschwung erfahren. Im Rahmen der züchterischen Bemühungen in den zahlreichen Ländern spielt das Schauwesen zur Selektion der wertvollsten Zuchtpferde eine bedeutende Rolle. Damit von Seiten der Züchter, der Aussteller und auch besonders der Richter auf solchen Schauen eine möglichst gemeinsame, der allgemeinen Zuchtzielsetzung entsprechende Linie verfolgt wird, ist es hochaktuell, die hier erforderlichen Prinzipien zu verdeutlichen und verständlich darzulegen. Dieser Aufgabe sollen die nachstehenden Ausführungen dienen.

Es ist nicht zu verkennen, daß vom Schauwesen in den verschiedensten Ländern auch erhebliche Gefahren ausgehen können. Durch das Prämiieren auf solchen Veranstaltungen können Tendenzen entstehen, die der positiven Entwicklung in der Zucht des arabischen Pferdes nicht dienlich sind. Gerade in den letzten Jahren wurde erkennbar, daß man bei der Prämiierung immer größere Pferde mit möglichst viel Rahmen und möglichst großer, langer Halsung bevorzugte, wobei auch eine extrem horizontale Kruppenbildung für gut befunden wurde. Die letztere hat zur Folge, daß die Hinterhand des Pferdes nach hinten herausfällt und solche Pferde reiterlich Schwierigkeiten haben, weil sie auf der Hinterhand nicht entsprechend versammelt werden können. Wenn man die genannten Maxime im Extrem verfolgt, so würde ein Pferd gezüchtet, das dem eigentlichen Vollblutaraber kaum noch ähnlich sähe und außerdem als Gebrauchspferd – als Reitpferd – minderwertig wäre.

Mit diesem Hinweis soll keineswegs irgendein züchterisches Bemühen bevormundet werden. Innerhalb der in der ganzen

Welt unübersehbar großen Zahl der Vollblutaraberzüchter kann es sicher jedem freistehen, Pferde nach seinem Geschmack zu züchten. Nur sollte man auf Veranstaltungen, die der Qualitätszucht des Vollblutarabers dienen, sachlich begründete Beurteilungsprinzipien anwenden, die der Rasse des Vollblutarabers gerecht und angemessen sind.

Diese Schrift wendet sich an diejenigen, denen das authentische arabische Pferd am Herzen liegt, das zu züchten in allen Blutlinien und Herkünften der verschiedenen Länder möglich ist. Daher wird in den folgenden Betrachtungen auch nicht auf besondere Blutlinien und Herkünfte eingegangen.

Die nachfolgenden Betrachtungen wenden sich zwar an alle Vollblutaraberzüchter der Welt, aber vor allen Dingen natürlich an die deutschen. Da wir Deutschen meist die Dinge mit besonderem Eifer zu betreiben pflegen, zum zweiten gern schwarzweiß malen und drittens dazu neigen, die Wahrheit überall zu suchen, nur nicht zwischen den Extremen, ist es ein besonderes Anliegen, zu verdeutlichen, daß gerade bei der Beurteilung des arabischen Pferdes Extreme in den verschiedensten Richtungen nicht positiv gewertet werden können. Über allem muß die Ganzheitsbetrachtung und die Harmonie der Gesamterscheinung stehen.

Durch die gesamte hippologische Literatur zieht sich wie ein roter Faden das Wissen von allen hervorragenden Sachkennern im Laufe der letzten Jahrhunderte, daß man zur Erhaltung der wertvollsten Eigenschaften des Reitpferdes und des Kavalleriepferdes in der Warmblutzucht immer wieder auf das arabische Pferd aus dem Ursprungsgebiet zurückgreifen mußte. Durch Jahrhunderte war die Zucht des reinen Arabers im Orient, insbesondere im Nedschd-Gebiet, gewährleistet. Dieser Blutsquell ist in der Gegenwart mehr und mehr gefährdet. Selbst das ägyptische Staatsgestüt El Zahraa wurde in den Tagen der Revolution 1952 nur mit großer Mühe gerettet. Damals wurde klar erkannt, daß, wenn das arabische Pferd in der Zukunft seine Identität behalten soll, die Züchter in allen Ländern entsprechend verantwortungsbewußt die Rasse erhalten müssen.

Die nachfolgenden Ausführungen befassen sich nur, bzw. in erster Linie, mit den Besonderheiten der Beurteilung des Voll-

X

blutarabers. Dabei wird vorausgesetzt, daß der Leser das erforderliche Grundwissen in der allgemeinen Pferdebeurteilung beherrscht. Wenn dies nicht der Fall ist, so sollte er eines der nachfolgend aufgeführten Bücher oder entsprechende studieren:

Prof. Dr. Hans Löwe/Dr. Hartwig, *Pferdezucht*, Verlag Eugen Ulmer, Stuttgart, 6. Aufl., 1988.
Gustav Rau/Duerst, *Pferdebeurteilung*, Olms Presse, Hildesheim, 1980.
Oettingen, *Die Zucht des edlen Pferdes...*, Olms Presse, Hildesheim, 1984.
Erika Schiele, *Pferdekauf*, BLV Verlag, München, 1979.
H.J. Köhler, *Pferdekenner und Fehlergucker*, Lintert-Verlag, 1982.
Peter Upton, *Classic Arab Horse*, The Arab Horse Society, England, 1988.

Außerdem gehört ein Grundwissen über die Anatomie des Pferdes zur Beurteilung. Dazu wird das folgende neu erschienene Buch empfohlen:

B. Hertsch, *Anatomie des Pferdes*, FN-Verlag, Warendorf, 1987.

Dr. Otto Saenger
Landwirtschaftsdirektor a.D.

Eine natürliche Aufzucht *auf großen, möglichst schwach gedüng-
ten Weiden unter nicht zu schweren Bodenverhältnissen ist Vor-
aussetzung für gute Aufzuchter-* *folge. Hier eine Stutengruppe des
Gestüts „El Shams" von Frau Doris
Saenger, in 2071 Delingsdorf b.
Hamburg.
Foto: Dr. Otto Saenger*

SINNVOLLE GESTALTUNG DER LEBENSBE-
DINGUNGEN FÜR DAS ARABISCHE PFERD

Wenn man die Literatur zum arabischen Pferd in Vergangenheit und Gegenwart überblickt, so muß man feststellen, daß eine ungeheure Vielfalt der Meinungen besteht zu der Frage, wie die Haltung des arabischen Pferdes unter Berücksichtigung verschiedener Zielsetzungen sinnvoll gehandhabt werden sollte: Der Bogen der unterschiedlichen Auffassungen spannt sich von der extrem kargen und harten Haltung unter den Lebensbedingungen der wandernden Beduinen am Rande der arabischen Wüsten und Trockengebiete bis zur extremen Intensivhaltung mit allen Mitteln des dort üblichen „make up" amerikanischer Show-Pferde. – In diesem extremen Spannungsfeld völlig divergierender Auffassungen findet sich der Züchter arabischer Pferde unversehens, wenn er sich Gedanken macht, wie er denn nun vernünftigerweise die Lebensbedingungen der Pferde in seinem Gestüt gestalten soll.

Die Literatur über Zucht und Typ des arabischen Pferdes ist sehr umfangreich, woraus sich für den um Orientierung bemühten Leser durchaus ein deutliches Bild dieser Rasse ergibt. Unsicher werden aber die Aussagen, wenn der einzelne Züchter fragt: Kann ich unter den Haltungsbedingungen, über die ich selbst nun mal in Europa oder z.B. in den USA verfüge, bei Berücksichtigung von Klima und Boden einen qualitätsvollen und typgetreuen Araber züchten? – Dieser Züchter wird verunsichert, wenn er z B. im Stutbuch, Band 1, der Egyptian-Agricultur-Organisazion liest: „Die Aufzucht unter Wüstenbedingungen, das freie, ungebundene Leben ließen es (das arabische Pferd) Eigenschaften entwikkeln, die unter keinen anderen Bedingungen entstehen." – Ist die Umwelt allein ausschlaggebend und prägend für das Heranwachsen eines guten arabischen Pferdes?

Vorsichtiger drückt sich zu dieser Problematik Th. Brown aus, wenn er schreibt: „Die Trockenheit der Luft und des Bodens in Arabien scheinen sowohl bei den Menschen als auch bei den Tieren auf Härtung der Muskelfasern hinzuwirken." Man muß hier ergänzend fragen: Ist dabei nicht auch zu berücksichtigen,

daß knappe Ernährung und ständiges Training eine entscheidende Rolle bei der Ausprägung des Erscheinungsbildes (Phäno-Typ) der Wüstenaraber eine Rolle gespielt haben?
Allgemeingültig ist dagegen die Aussage von Mohamed Ali: „Hunger und Durst kann das arabische Pferd daher gut ertragen, aber durch die spärliche Nahrung bleibt es klein, so daß der Wüstenaraber in der Regel kleiner ist als ein Pferd, das in der Stadt oder selbst auf dem Dorf gezogen wurde." – Wie sind also die Aussichten zu beurteilen, auch unter Haltungsbedingungen, die nicht denen der Wüste entsprechen, züchterisch erfolgreich in der Vollblutaraberzucht wirken zu können?
Vielfach wird die Meinung vertreten, der edle trockene Wüstenaraber könne nur unter südlicher Sonne und Haltungsbedingungen gedeihen, die dem Ursprungsgebiet ähnlich sind. Die praktische Erfahrung in der weltweiten Vollblutaraberzucht hat gezeigt, daß diese Auffassung unrichtig ist. Dies wird dokumentiert durch zahlreiche Vollblutaraber in Europa und USA, die hier bei behutsamer und vernünftiger Haltung bereits in mehreren Generationen gezüchtet sind und somit bodenständig wurden, ohne den Adel, den guten Typ und die Trockenheit ihrer Vorfahren zu verlieren. Frau Judith Forbis drückt ihre Erfahrungen hierzu wie folgt aus: „Klassische Araber sind weder auf ein bestimmtes Land, noch auf eine bestimmte Gruppe von Blutlinien beschränkt." Dagegen wird von ihr betont, daß es entscheidend auf die qualitätsvolle und lückenlos edle Abstammung ankommt. Hier ist der entscheidende Hebel in der Zucht anzusetzen.
Daß die erblich bedingte Veranlagung für Adel und Trockenheit des Pferdes auch unter veränderten Umweltbedingungen erhalten bleibt und sich im Gegenteil dort sogar auf andere Pferderassen übertragen kann, hat das Beispiel der Trakehnerpferdezucht nach 1945 in Westdeutschland gezeigt. Der Trakehner ist eine weitgehend anglo-arabisch gezogene Rasse, die also sehr stark auch durch arabisches Blut beeinflußt ist. Die Trakehner haben – soweit die Züchter bewußt auf den edlen Trakehnertyp gezüchtet haben – ihren Rassetyp über viele Generationen in Westdeutschland sehr wohl erhalten. Sie haben darüber hinaus bei Einkreuzung in die heimischen Warmblutrassen Westdeutschlands als Veredler weitgehend in diesen Zuchtgebieten den Stempel des

Trakehnertyps, der vom Araber her beeiflußt ist, aufdrücken können. Diese Entwicklung in einem Zeitraum von nunmehr 45 Jahren in Westdeutschland hat diejenigen Lügen gestraft, die im Jahre 1945 voraussagten: „Schon in der nächsten oder übernächsten Generation werden die Trakehner hier in Westdeutschland aussehen wie die Hannoveraner oder Oldenburger".

Dennoch zeigen die Erfahrungen der Vollblutaraberzucht in den letzten 100 Jahren, daß die Erhaltung des edlen, trockenen Rassetyps überall dort am besten möglich war, wo man gute typvolle Hengste aus den Zuchten einsetzte, die dem Ursprungsgebiet möglichst nahe stehen. Die Erhaltung einer Qualitätszucht in den arabischen Ländern selbst ist daher eine bedeutende Aufgabe im Dienste der weltweiten Vollblutaraberzucht und der Kultur dieser Länder.

Bei Betrachtung dieser Zusammenhänge ist es natürlich von ausschlaggebender Bedeutung, daß der Züchter sich darüber im Klaren sein muß, daß er Erfolge bei der Erhaltung des edlen Typs nur erzielen kann, wenn er entsprechend selektiert, d.h. wenn er wirklich die edelsten Hengstfohlen für die Zucht aufzieht und später auch einsetzt. Scheidet man dagegen die besten und edelsten Hengstfohlen aus der Zucht aus und zieht nur die grobknochigen und stärksten als Hengstanwärter auf, so braucht man sich nicht zu wundern, wenn die züchterische Entwicklung in die verkehrte Richtung geht. Bei solcher Selektion entstehen auch innerhalb der Araberrasse schwammige, grobknochige Pferde. Hier muß man diese Entwicklung dann nicht auf die Einwirkung der Umwelt schieben. Vielmehr ist hier die Ursache in der verkehrten Zuchtwahl durch den Menschen zu sehen. Derartige Fehlentwicklungen kann man durchaus auch unter Klimabedingungen wie z.B. in Kalifornien oder in Südspanien beobachten, wo man doch annehmen sollte, daß hier die idealen Voraussetzungen von der Umwelt gegeben sind für die Entwicklung eines trockenen und edlen Vollblutarabers.

Solche Züchter, die in Europa vor allem in der Vergangenheit im Hinblick auf das Zuchtziel eines kräftigen Kavalleriepferdes immer wieder die stärksten Hengstfohlen selektiert haben, vertraten früher vielfach die Meinung, man müßte immer wieder edle Hengste aus dem Orient importieren, um den Adel in der europäischen Vollblutaraberzucht zu erhalten. Edelste Wüstenaraber begründeten die königlichen Zuchten in Weil, in den polnischen Gestüten und in den österreichisch-ungarischen Gestüten. Nach diesen Importen hat man – soweit sich das übersehen läßt (in einzelnen Zeitabschnitten unterschiedlich) – aber doch in der großen Linie in Richtung Kavalleriepferd selektiert. Man hat immer wieder die stärksten Hengstfohlen mit dem kräftigsten Fundament und dem ausgeprägtesten Größenwachstum in die Zucht eingestellt und dadurch – bewußt oder unbewußt – vom Wüstentyp weggezüchtet. Weil die Beduinen nicht auf einen bestimmten Typ selektiert haben, ist die ursprüngliche Rasse des Arabers so außerordentlich modulations- und anpassungsfähig. So ist es zu erklären, daß die europäischen Vollblutaraber allmählich hier und dort größer geworden sind, langliniger und mit stärkerem Fundament. Durch eine solche Entwicklung entsteht dann im Laufe der Zeit wieder der dringende Bedarf nach einem Veredlerhengst. Ein klassisches Beispiel hierfür ist die Entwicklung der russischen Vollblutaraberzucht in Tersk, wo der ägyptische Hengst Aswan als Typvererber eine weltweite Bedeutung erlangt hat.

Eine andere Möglichkeit, die nicht zum züchterischen Erfolg führen kann, ist die Selektion auf der Basis von Show-Effekten. Hier wird zunehmend das Augenmerk auf Effekthascherei und auffallende Erscheinung gerichtet, aber auch ganz bewußt auf Veränderung des äußeren Erscheinungsbildes in Richtung eines imaginären Schönheitsideals. Das kann dann soweit gehen, daß nicht mehr das qualitativ beste Pferd in der Prämierung nach vorn kommt, sondern das am raffiniertesten präparierte, das – objektiv gesehen – unter Umständen durchaus mittelmäßig sein kann. Bei einer solchen Aufmachung der Pferde ist es selbst guten Kennern dann kaum noch möglich, das genetische Potential des einzelnen Pferdes richtig einzuschätzen.

Eine weitere Gefahr, daß die züchterische Selektion in die verkehrte Richtung gehen kann, ist gegeben, wenn zu frühreife Pferde bevorzugt in der Zucht verwendet werden. Die Entwicklung des derzeitigen Schauwesens in der Araberzucht birgt hier erhebliche Risiken. Diese ergeben sich daraus, daß die Unsitte immer mehr um sich greift, junge Pferde im Alter vom Absatzfoh-

len bis zu vier Jahren ständig in übertrieben üppiger Fütterungskondition zu halten, um sie auf Schauen eindrucksvoll herauszubringen. Dieses hat zur Folge, daß junge Vollblutaraber, die zu stark mit intensiver Fütterung getrieben – um nicht zu sagen gemästet – werden, in der Regel (nicht nur im Ausnahmefall) bleibende Schäden im Körperbau und an den Beinen bekommen, die das betreffende Pferd für sein ganzes Leben schädigen bezüglich seines eigentlichen Zwecks: nämlich der Leistungsfähigkeit als Reitpferd. Solche Schäden sind: schwammige unklare, zum Teil degenerierte Gelenke, Senkrücken, mangelnde Härte des Sehnen- und Bänderapparates, Überbeine unter der Vorderfußwurzel, empfindliche schwammige Haut an den Beinen, rückbiegiges Vorderbein, Gallen am Sprunggelenk, Deformationen des Sprunggelenkes, Stellungsfehler. Es muß nachdrücklich betont werden, daß diese Fütterungsschäden beim Araber besonders leicht auftreten, weil diese Rasse ja vom Ursprung her anspruchslos und insofern leichtfuttrig – sprich empfindlich gegen zu starke Fütterung – ist. Eine in diesem Sinne zu üppige, mastige Aufzucht der jungen Pferde kann verheerende Folgen für das spätere Leben des Einzelpferdes haben insofern, als seine Leistungsfähigkeit negativ beeinflußt wird. Es muß hier an einen Begriff erinnert werden, der unter Tierzüchtern weitgehend in Vergessenheit geraten ist, der aber früher in der deutschen Tierzucht ganz allgemein bekannt und auch richtig beachtet wurde: Der Begriff: „Verfüttern". – Dieser Begriff beinhaltet das Entstehen der vorstehend genannten Schäden durch zu mastige und intensive Fütterung von jungen Zuchttieren in der Aufzuchtphase. Innerhalb der Vollblutaraberzucht ist die Gefahr des Verfütterns natürlich besonders groß bei dem ohnehin sehr leichtfuttrigen Koheilantyp. Wenn man Pferde des Koheilantyps immer wieder untereinander paart, so ist man in der Gefahr, immer mehr in den extremen Masttyp hineinzukommen, wodurch Härte und Reitpferdequalität weggezüchtet werden. Es gibt innerhalb der europäischen Vollblutaraberzucht deutliche Beispiele für solche Fehlentwicklungen. Zum Glück haben sie sich in sehr engen Grenzen gehalten.
Wenn man die vorstehend dargestellten Gefahren und Schwierigkeiten bedenkt, ergibt sich die Frage: Was ist also vernünftigerweise zu machen, damit die Lebensbedingungen für die Erhal-

Daß es in Deutschland und generell außerhalb des ursprünglichen Zuchtgebietes möglich ist, hoch-edle typvolle Vollblutaraber zu züchten, stellt dieser Hengst unter Beweis:

K.E.N. ASAM geb. 24.7.87 v. Masoud u.d. Amal v. Mohafez aus der Zucht von Frau Cornelia Jung, Großenkneten, und im Besitz von Eberhard, 6625 Püttlingen, und Dr. Nagel, 2907 Großenkneten, geht in der Vaterlinie über Ibrahim-Mahomed erst in der vierten Generation auf den aus Ägypten importierten Hadban Enzahi zurück. Im übrigen erscheinen importierte Ahnen in seiner Abstammungstafel durchschnittlich erst in der dritten Generation. Das Bild zeigt ihn im Alter von zwei Jahren. Er gewann 1989 auf der Schau in Baden-Baden den Titel des internationalen Juniorchampions und des Juniorchampions des Egyptian Event Europe und wurde Gesamtsieger der Körung für Vollblutaraber in Deutschland am 22. Oktober 1989 in Darmstadt-Kranichstein, und ebenfalls 1989 Europa Res.-Junior Champion in Paris. Der noch nicht ausgereifte Junghengst verkörpert den edlen Saklawityp mit sehr guter Halsung, hervorragender Schulter- und Sattellage, sehr gutem Fundament und korrekten elastischen, schwungvollen Bewegungen. Foto: Rik van Lent

tung eines guten Vollblutarabers zweckmäßig gestaltet werden ?

Dabei ist zunächst von der Zielsetzung auszugehen, daß die Vollblutaraberzucht überall in der Welt sich als oberste Aufgabe vornehmen sollte, den ursprünglichen und guten Typ des Vollblutarabers mit allen seinen viel beschriebenen Qualitätsmerkmalen zu erhalten, zu fördern und weiter zu vervollkommnen. Dazu muß man natürlich zunächst gewillt und in der Lage sein, die Veranlagung der Pferde in ihren typischen Rasseeigenschaften richtig zu sehen.

Bereits vor der Geburt setzen die Maßnahmen der richtigen Haltung des Pferdes ein: Der Sexualzyklus der Stuten ist in gewisser Weise abhängig von der Lichteinwirkung. Die Stuten werden am leichtesten im Mai und Juni tragend, besonders wenn die Witterung durch Sonnenschein, Wärme und Trockenheit geprägt ist. Die tragenden Stuten sollen viel Bewegung, Auslauf und gute Weide haben. Sie dürfen aber weder zu stark gemästet werden noch sollten sie besonders knapp gehalten werden. Wichtig ist ständige Bewegung bis zur Geburt hin. Dabei ist auch behutsames Spazierenreiten bis zum 9. Monat sehr positiv. Von großer Bedeutung ist es, daß die Stuten immer wurmfrei gehalten werden. Stuten, die regelmäßiges Training durch entsprechende Bewegung haben, fohlen meistens auch komplikationslos. Gefährlich ist es immer, wenn die Stuten im Winter bei Schnee längere Zeit im Stall stehen und keinen Auslauf haben. – Ein unnatürlicher, zu früher Abfohltermin im Januar/Februar bringt eine Fülle von Problemen, Gefahren und Schwierigkeiten mit sich, die hier im einzelnen nicht sämtlich aufgeführt werden können.

Nach der Geburt sollte das neugeborene Fohlen sobald als möglich mit der Mutter Auslaufmöglichkeiten in frischem Grün haben. Die meisten Fohlen haben schon in den ersten Lebenstagen das Bedürfnis, neben der Muttermilch auch an Futter zu knabbern. Hier ist junges zartes Gras die einzig gute Ergänzung zur Muttermilch, wodurch am besten bei gleichzeitig ungezwungener Bewegungsmöglichkeit die Gefahr des Durchfalls verringert wird, der vielfach in der Fohlenaufzucht große Schwierigkeiten bereitet. Bereits nach etwa acht Tagen sollte die erste Wurmbehandlung mit speziellen Wurmmitteln für Fohlen erfolgen. Das Pferd ist ein Herdentier, weshalb die gemeinsame Beweidung mehrerer Zuchtstuten mit Fohlen in der Regel optimal ist. Die Entwicklungsintensität im ersten Lebensjahr ist am intensivsten und sollte deshalb für die Aufzucht richtig genutzt werden. Das bedeutet, daß schon während der Saugfohlenzeit allmählich Kraftfutter zugefüttert werden sollte. Besonders nach dem Absetzen im Alter von fünf bis sechs Monaten ist eine zügige Weiterentwicklung anzustreben, wobei das Kraftfutter nach dem Absetzen besonders eiweißreich sein sollte. Wenn die Fohlen im Alter von acht bis neun Monaten das Absetzen gut überstanden und sich zügig weiterentwickelt haben, ist allerdings dann schon daran zu denken, wie – auch in den darauffolgenden Winterfutterperioden bei den ein- bis dreijährigen Fohlen – die Aufzucht den natürlichen Gegebenheiten unter allen Umständen angepaßt werden muß. Das Pferd ist vom Ursprung her ein Steppentier, dessen Entwicklung und Lebensrhythmus darauf eingestellt ist, daß üppige Ernährung im Frühjahr und Sommer wechselt mit sehr knapper Nahrung im Winter. Deshalb entwickeln sich diejenigen Pferde am besten, die im Winter nur sehr verhalten mit Kraftfutter gefüttert werden, so daß sie im Frühjahr in durchaus unansehnlichem Zustand auf die Weide gebracht werden. Dieses ist ganz einfach deswegen eine Notwendigkeit, weil der Knochenbau des jungen Pferdes auf einen solchen Entwicklungsrhythmus eingestellt ist. Bei ständig intensiver Fütterung des jungen Pferdes entstehen die Fundamentsschäden, die eingangs geschildert sind, weil der Knochenbau des Fundamentes nicht dafür konstruiert ist, einen zu mastigen und zu üppig entwickelten Oberkörper zu tragen. Ganz abgesehen davon ist es auch aus anderen Gründen während der Winterfütterung ganz verkehrt und fehlerhaft, wenn man die jungen Pferde zu intensiv mit Kraftfutter füttert. Da die Auslaufmöglichkeiten im Winter begrenzt sind und die Pferde dann durch die intensive Fütterung einen verstärkten Bewegungsdrang haben, entstehen unweigerlich Verletzungen, Piephacken oder ähnliche Schäden. Hier wird in der Aufzucht vielfach unnütz Geld verschleudert, einmal durch übertriebene und überflüssige Ausgaben für Kraftfutter und zum anderen durch Tierarztkosten, die bei vernünftiger Fütterung und Haltung ohne Schwierigkeiten zu vermeiden wären. Es bleibt festzuhalten, daß den jungen Pferden die ständige Intensivhaltung und übertriebene Fütterung erheblich schadet. Der Züchter muß gerade in der Aufzucht junger Pferde Geduld haben und warten können. – Mit drei Jahren ist der Vollblutaraber in der Regel noch ein Fohlen. Stuten nehmen in diesem Alter einfach deswegen vielfach noch nicht auf, weil der Araber nun mal von seiner Entwicklungsgeschichte her ein spätreifes Pferd ist. Mit sechs Jahren ist er erst annähernd ausgereift. Die optimale Leistungsfähigkeit erreicht er erst mit acht Jahren. Dies gilt im übrigen auch mehr oder weniger für alle anderen Reitpferderassen.

Wenn man, wie eben skizziert, die Aufzucht des arabischen Pferdes durch vorsichtigen und vernünftigen Umgang mit dem Futtersack richtig gestaltet und – wie bereits deutlich hervorgehoben – in der Selektion auf Adel und Typ achtet, so ist es ohne weiteres möglich, am Ende der Aufzucht Freude am typvollen Vollblutaraber zu haben.

Ein besonderes Merkmal des Vollblutarabers ist seine erblich bedingte Fruchtbarkeit. Bei normal fruchtbaren Zuchtstuten, die jährlich ein Fohlen haben und gute Mütter sind, d.h. die das Nährstoffangebot des Futters weitgehend in Milchleistung umsetzen, ist die Gefahr weitaus geringer, daß sie in ihrem äußeren Erscheinungsbild durch zu starke Fütterung negativ beeinflußt werden. Es hat sich gerade in den letzten Jahren auf den großen europäischen Schauen immer wieder gezeigt, daß der Typ des edlen und qualitätsvollen Vollblutarabers besonders in den alten Stutenklassen in hervorstechender Weise vertreten war. – Dagegen ist bezüglich der richtigen Umweltgestaltung und Fütterung der Hengste weit eher größte Vorsicht und Überlegung geboten. Zuchthengste sind immer wieder in der Gefahr zu fett zu werden, Gallen zu bekommen und schwammig im Ausdruck zu werden, wenn sie nicht genügend bewegt werden und zuviel in ihren Boxen herumstehen. Dagegen bleibt der typische Vollblutaraberhengst bis ins hohe Alter hinein gesund und kernig, wenn er viel geritten wird und wenn seine Leistungsfähigkeit gefordert wird.

Es soll nun aber auch nicht übersehen werden, daß es auch einen Vorzug der Haltung arabischer Pferde unter üppigen Fütterungs-

und Umweltbedingungen z.B. in Europa gibt: Die Pferde, die auch bei intensivem Futterangebot ihren edlen Rassetyp bewahren, kann man als genetisch besonders wertvoll und erbsicher ansprechen. Unter solchen Haltungsbedingungen kann man auch die von den Vorfahren mitgegebene Veranlagung für Größenwachstum und Rahmen erkennen. Denn: Unter den Lebensbedingungen der Wüste oder allgemein bei karger Haltung der Zuchtstuten und Fohlen (wie früher auch in spanischen Gestüten üblich) bleiben die Pferde kleiner und leichter, d.h. sie entwicklen nicht die Körpergröße, die ihrer genetisch bedingten Veranlagung entspricht. – Allgemein ausgedrückt: durch die erbliche Veranlagung ist der Entwicklungsrahmen für jedes einzelne Pferd festgelegt. – Von der Gestaltung der Umwelt aber hängt es ab, inwieweit dieser genetisch bedingte Entwicklungsrahmen ausgefüllt wird. Dies gilt nicht nur im Hinblick auf das Größenwachstum, sondern auch bezüglich aller anderen Eigenschaften. So kann z.B. die maximale Leistungsfähigkeit nur durch entsprechendes Training und Erprobung sichtbar gemacht und erkannt werden. Aber eben diese Leistungsfähigkeit – z.B. im Distanzreiten oder bei der Schnelligkeit im Rennen – ist bei den einzelnen Pferden verschieden. Deshalb gilt bei der Durchführung von Leistungsprüfungen für die Zuchtwahl der oberste Grundsatz: Einheitliche Gestaltung der Trainings-, Umwelt- und Reiterbedingungen, damit der erblich bedingte (und daher einzig für die züchterische Selektion interessante) individuelle Unterschied z.B. zwischen den Hengsten einer Prüfungsgruppe zutage tritt.

Zusammenfassend kann man also sagen: Es gibt ganz eindeutig die Möglichkeit – und diese sollte von jedem Züchter mit intensivem Bemühen angestrebt werden – optimale Haltungsbedingungen für das arabische Pferd zu gestalten. Dabei muß vor jedem Extrem, besonders beim Futteraufwand, dringend gewarnt werden. Wer die vorstehend gegebenen Hinweise – besonders bezüglich einer behutsamen Aufzucht – beachtet und die Zeit abwarten kann, bis das junge Pferd voll ausgereift ist, wird überall auf der Welt unter den unterschiedlichsten Haltungs- und Klimabedingungen einen hochedlen und typvollen Vollblutaraber züchten können, – vorausgesetzt, daß durch die gute Abstammung die Grundvoraussetzung hierfür gegeben ist.

DAS ARABISCHE PFERD –
Ergebnis einer geschichtlichen Entwicklung unter besonderen Umständen – Seine Zukunftschancen

Züchter in der Gemeinschaft eines Zuchtverbandes zu sein bedeutet – besonders auch in der deutschen Vollblutaraberzucht – daß man nicht nur einfach Pferdevermehrung betreibt. Vielmehr ist es notwendig, daß die Vollblutaraberzüchter sich über eine gemeinsame Zielsetzung im Klaren sind. Züchten heißt: In Generationen denken. Züchten heißt merzen, heißt Auslese treiben, heißt beobachten und das Mögliche erkennen. Der Züchter sollte sich nicht zuletzt verstehen als der verlängerte Arm des Schöpfers, der die ohnehin vorhandenen Entwicklungstendenzen der Natur geistig nachvollzieht und nach besten Kräften versucht, sie zu unterstützen und zu fördern, wobei Einfühlung und Verständnis das oberste Gebot sind, während Willkür und unnatürliche Zielsetzungen stets zum Scheitern verurteilt sind.

Für eine erfolgreiche Züchtung ist die Zusammenarbeit in einer großen Gemeinschaft von Züchtern unabdingbare Voraussetzung. Dies macht eine gemeinsame Zuchtkonzeption erforderlich. Bei der langsamen Generationsfolge des Pferdes und der begrenzten Lebenszeit, die uns Menschen zur Verfügung steht, ist es dem Einzelzüchter immer nur möglich, einen bescheidenen Beitrag zur Gesamtentwicklung einer Pferdezucht zu leisten.

Es ist notwendig, daß eine züchterische Konzeption von einer breiten Mehrheit der Züchter getragen wird, daß sie überzeugend und logisch begründet ist. Die Ausrichtung auf ein so begründetes Ziel soll dem Züchter Freude an der Zucht geben und das Gefühl, an einer schönen und lohnenden Aufgabe mitzuwirken.

Das Grundkonzept der Vollblutaraberzucht ist gekennzeichnet durch das Bewahren der wertvollen Eigenschaften des originären Arabertyps. Daher kommt es für den heutigen Züchter darauf an, sich von Illusionen frei zu machen. Man soll nicht glauben, daß bei den Beduinen in den reinen ursprünglichen Zuchten nur solche Pferde vorkamen, die unserem heutigen Idealtyp mehr oder weniger entsprachen. Reiseschilderungen aus alter Zeit und Fotos aus früheren Zeiten zeigen, daß zwar unser heutiges Ideal auch früher schon vorgekommen ist, aber doch als relativ seltene Ausnahme, als Spitzenexemplar unter tausenden von durchaus gewöhnlichen Pferden in Arabien, deren übereinstimmende Merkmale nur diejenigen waren, daß sie Hunger und Durst, Kälte und Hitze, Staub, Sandstürme und langanhaltende Trockenheit ertragen konnten und dennoch nicht nur überlebten, sondern auch noch so fruchtbar waren, daß der Fortbestand dieser Rasse unter so ungünstigen Haltungsbedingungen gesichert war. Die außergewöhnliche Schönheit des arabischen Pferdes ist sicher in alter Zeit kein allgemeines Merkmal gewesen, sondern durch Auslese des Menschen geprägt und vervollkommnet.

Auch der Züchter arabischer Pferde muß sich darüber im Klaren sein, daß die Welt der Lebewesen in weitestem Sinne – und dazu gehört die Rasse des arabischen Pferdes – nichts festgefügtes, nichts absolut Beständiges ist. Dem liegt die Erkenntnis über die Evolution der Lebewesen auf der Erde zugrunde, daß alle Lebewesen, einschließlich des Menschen selbst, nicht nur die Merkmale ihres Körperbaues, sondern auch die gesamte Struktur ihres körperlichen und seelischen Verhaltens einem *Entwicklungsvorgang* verdanken, der sich in historischer Einmaligkeit im Laufe von vielen Jahrmillionen abgespielt hat und in dessen Laufe Komplizierteres, „Höheres" aus Einfacherem „Niedrigerem" entstanden ist. Für das grundlegende Verständnis des Pferdes ist es wesentlich zu wissen, daß Pferde ursprünglich Herdentiere der Steppe, Pflanzenfresser und also Fluchttiere waren und daß diese Entstehungsgeschichte viele Eigenschaften des Pferdes bis zum heutigen Tage geprägt hat. Eine höhere Lern-, Merk- und Integrationsfähigkeit, kurz gesagt mehr Intelligenz entwickelte sich beim Pferd offensichtlich erst in den letzten tausend Jahren unter Einfluß des Menschen, wobei das arabische Pferd unter allen Pferderassen in dieser Beziehung eine gewisse Spitzenposition einnimmt. In der Natur wie auch unter dem züchterischen Einfluß des Menschen sind alle Lebewesen den großen Entwicklungsfaktoren – der Mutation (Erbsprung) und der Selektion (Auslese) – unterworfen. Aus diesem Grunde ist es in der Tierzucht oft schwieriger, besonders wertvolle Eigenschaften in bestimmter Weise züchterisch zu erhalten, als eine Rasse auf ein bestimmtes Ziel hin weiter zu entwickeln. Aus dieser Situation ergibt sich die

Aufgabenstellung des Züchters. In der Araberzucht geht es nicht nur darum, die bekannten wertvollen Eigenschaften der Rasse wie Vitalität, Härte, Ausdauer, Langlebigkeit, Fruchtbarkeit, Futterdankbarkeit und Schönheit zu erhalten. Die züchterische Aufgabe besteht auch darin, daß daran gedacht werden muß, in welch räumlich eingeengten und von fortschreitender Technisierung gekennzeichneten Welt zukünftig Menschen mit ihren Pferden leben werden. Deshalb ist es auch wichtig, daß die Pferde gute Nerven haben und die ihnen aus der Entwicklungsgeschichte als Steppentier noch immer tief einwurzelnde Schreckhaftigkeit sowie der Fluchttrieb des Steppentieres weiter züchterisch abgebaut werden. Demgegenüber ist es notwendig, die Dienstbereitschaft und Gelehrigkeit, die im arabischen Pferd bereits besonders ausgeprägt sind, weiter zu fördern. In dem Zusammenhang hat die ständige Verbesserung und Vervollkommnung der Reiteigenschaften besondere Bedeutung für die Zucht. Es muß ein Genuß sein, arabische Pferde zu reiten, sie zu haben, mit ihnen zu leben, sie zu hegen und zu pflegen sowie zu betreuen.

Auf eine Besonderheit des arabischen Pferdes ist noch hinzuweisen. Auf der arabischen Halbinsel konnte sich diese Rasse nur entwickeln unter Betreuung des Menschen. Das gesamte Gebiet hat im eigentlichen Sinne keine natürliche Voraussetzung für die Entstehung einer Pferderasse wie beispielsweise die Ursprungssteppengebiete in Innerasien. Das enge Zusammenleben mit dem Menschen hat den Charakter des arabischen Pferdes in besonderer Weise geprägt. Es ist zutraulich, gutmütig, einsatzbereit und leistungswillig sowie ausbalanciert im Wesen. Dadurch, daß die arabische Halbinsel an drei Seiten vom Meer umgeben ist und im Norden große Wüstenräume den Zugang beschwerlich machen, hat neben Mutation und Selektion der Faktor Isolation hier wesentlich zur Rassebildung beigetragen. Die Beduinen benutzten den Araber nur als Reitpferd. Diese Nomaden brauchten ein leistungsstarkes, ausdauerndes und genügsames Kriegspferd. Diese Gegebenheiten haben die Rasse geprägt, die Araber gehören somit zu den ursprünglichsten aller Reitpferderassen.

Die Aufgabe des Züchters ist es nun, die vorstehend genannten allgemeinen Eigenschaften der Rasse zu erhalten und – wenn möglich, züchterisch weiter zu fördern. Es sind diese Eigenschaften, die den Vollblutaraber besonders wertvoll machen.

Bezüglich der zukünftigen Absatz- und Einsatzmöglichkeiten für arabische Vollblutpferde wird besonders darauf hingewiesen, daß über 90 Prozent der Reiter in der Bundesrepublik Deutschland Freizeitreiter sind, die schöne, angenehm zu reitende Pferde mit geschmeidigen Bewegungen haben wollen. Für diese Reiter ist es keineswegs erforderlich, daß die Pferde besonders groß sind. Der Freizeitreiter wird darauf bedacht sein müssen, ein Pferd zu haben, das anspruchslos bezüglich der Kraftfutterration ist und weitgehend durch Weidehaltung ernährt werden kann, so wie dies beim arabischen Vollblüter gegeben ist. Für die zukünftige Nachfrage nach Reitpferden wird auch die Schönheit eine entscheidende Rolle spielen. Sehr viele Menschen halten heute schon arabische Vollblutpferde nur deswegen, weil sie Freude an ihrer Schönheit haben. Auch der normale Freizeitreiter wird zukünftig kein häßliches Pferd im Stall haben wollen. Auf dieser Basis erscheint eine sichere Zukunftsentwicklung für die Vollblutaraberzucht gewährleistet, unabhängig von der Entwicklung bei anderen Rassen.

Daraus ergibt sich die Konsequenz, daß diese Rasse in ihrer Gesamtheit auf keinen Fall vergrößert und vergröbert werden darf. Die Anforderungen des Hochleistungsspringsports dürfen für die Zielsetzung in der Vollblutaraberzucht keine Beachtung verdienen. Schönheit, Harmonie und Formvollendung sollten dagegen weiterhin gefördert werden, ebenso wie die bereits erwähnten allgemeinen Eigenschaften.

Die Maße des Vollblutarabers

Dem Zuchtziel in der Vollblutaraberzucht entsprechen etwa folgende Maße:

Geschlecht	Widerristhöhe und Stockmaß in cm	Röhrbeinumfang in cm
Hengste	ca. 151–155	ca. 18
Stuten	ca. 148–152	ca. 17–18

Natürlich kommt es vor, daß Vollblutaraber in ihren Maßen auch oberhalb und unterhalb dieser Grenzen liegen. Bei Hengsten ist es durchaus möglich, daß ein ausgereifter volljähriger Hengst einmal das Stockmaß von 160 cm erreicht. Dies dürfte jedoch wohl die äußerste Grenze sein. Noch größere Pferde sind nicht mehr rassetypisch und müssen dementsprechend bei der Beurteilung geringer bewertet werden. Entsprechendes gilt auch, wenn Stuten größer als 158 cm Stockmaß sind. Natürlich sind auch Pferde, die in ihren Größenmaßen wesentlich unter den angegebenen Größenordnungen liegen, nicht mehr als rassetypisch anzusehen. Pferde, die also dem einen oder anderen Extrem in der Größe angehören, sind in der Beurteilung auf Schauen dann entsprechend geringer zu bewerten, wobei es auch richtig ist, solchen Pferden entsprechend geringere Typnoten zu geben, weil extreme Größe oder extreme Kleinheit eben nicht mehr rassetypisch ist. Sinngemäß gilt natürlich das Gleiche für den Röhrbeinumfang, wobei ein sehr starkes Röhrbeinmaß, das vielfach dann durch schwammige Haut bedingt ist, besonders negativ zu bewerten ist.

Typbeschreibung

Ein Pferd zu beurteilen setzt voraus, daß man das Pferd im Hinblick auf die biologischen, anatomisch und physiologisch bedingten Körperfunktionen richtig einschätzen kann, – daß man also in biologischen Zusammenhängen denken und sehen kann, daß man die Bedeutung des Körperbaus für die Leistungsfähigkeit und Brauchbarkeit als Reitpferd sehen und einschätzen kann. – Jede Beurteilung sollte also zunächst im Hinblick auf diese Leistungsfähigkeit erfolgen und auf dem Grundgedanken basieren: Ein gutes Pferd ist ein leistungsfähiges und leistungswilliges Pferd. Deshalb ist die Typbeurteilung, – das biologisch begründete und richtige Sehen des Typs – von so großer Bedeutung. Und darum soll der vielschichtig verwendete Begriff „Typ" hier besonders sorgfältig in seinen verschiedenen Anwendungsbereichen dargelegt werden. Diese Betrachtung berücksichtigt die tatsächlich in der arabischen Rasse vorhandene Variationsbreite.

a) Konstitutionstyp (Körperbau- und Rassetyp)

Die allgemeine Tierzuchtlehre kennt bei den verschiedenen Haustierarten drei verschiedene Grundtypen, die als Extreme beschrieben werden und zwischen denen zahlreiche Kombinationen vorkommen.

1. Der Typus respiratorius – Atmungstyp –
   ist extrem schmalwüchsig mit schmalem Schädel, mit vorne besonders schmaler, hinten breiter werdender Brust und schrägen Rippen. Er ist von feingliedrigem Knochenbau und zeigt eine hohe Sensibilität. Dieser Typ findet sich beispielsweise beim englischen Vollblüter oder beim Windhund.

2. Typus digestivus – Verdauungstyp
   Er hat einen extrem breiten Kopf, sehr breiten Augenabstand, rundrippige breite Brust mit sehr geringem Kapazitätsunterschied zwischen Einatmung und Ausatmung, runde, tonnen-

förmige Mittelhand, ist verhältnismäßig kurzbeinig und rund in der Hinterhand, neigt zu starker Verfettung. Dieser Typ findet sich z.B. bei fettwüchsigen Mastschweinen der alten Zuchtrichtung in den vergangenen Jahrzehnten.

3. Typus muskularis – Muskeltyp
   Er hat athletische Körperform, ist starkknochig, breitschultrig und zeichnet sich durch außergewöhnliche Entwicklung der Muskulatur aus. Dieser Typ ist bei guten Kaltblutpferden zu finden.

Für die Vollblutaraber ist klargestellt, daß die Pferde dieser Rasse keinem dieser vorgenannten Extremtypen angehören.

In der Praxis der Vollblutaraberzucht haben sich für die Typbezeichnung drei Schlagworte eingeführt, die auch weiter verwendet werden sollen, weil mit diesen Typbezeichnungen eine ganz bestimmte Skala von Körpereigenschaften verbunden sind. Alle vorkommenden Vollblutaraberpferde sind Mischtypen zwischen den drei genannten Extremen. Es ist festzuhalten, daß ein arabisches Pferd nicht mehr dem Zuchtziel entspricht, sobald es einem der obigen Extreme zu nahe kommt. In jeder Population von Tieren kommt eine bestimmte Variationsbreite von Eigenschaften vor. Die Variationsbreite des Körperbautyps wird in der Vollblutaraberzucht gekennzeichnet durch die *Eckpunkte des Koheilantyps*, des *Saklawityps*, und des gegenüber dem Saklawi noch mehr zum Atmungstyp hinneigenden *Muniqityps. Es wird hervorgehoben, daß diese Typbezeichnungen zwar von bestimmten Stutenstämmen aus der Geschichte des arabischen Pferdes herrühren, daß sie jedoch heute mit der Herkunft aus bestimmten Stutenstämmen nichts mehr oder nur noch wenig zu tun haben, sondern hier ausschließlich als Funktion der Typbezeichnung benutzt werden.*

Die genannten Typbezeichnungen sind in ihrer Anwendung nicht unumstritten. Tatsache ist aber, daß diese Variation der Typen innerhalb der Rasse besteht und andere Bezeichnungen im Sprachgebrauch nicht eingeführt sind. Man könnte z.B., um sich von der Anbindung an die Bezeichnungen von Stutenstämmen zu lösen, auch so definieren:

Koheilantyp	=	klassischer Typ
Saklawityp	=	edler klassischer Typ
Muniqityp	=	Renntyp

Dieses vorweg erörtert, folgt die Beschreibung der drei Typen:

Der Koheilantyp ist stark vom Muskeltyp und etwas vom Verdauungstyp beeinflußt. Er hat von allen arabischen Pferden den kürzesten, keilförmigen Kopf mit verhältnismäßig breiter Stirn, großen Augen, breiten Ganaschen. Er ist kräftig bemuskelt, leichtfuttrig, geschlossen im Körper, hat eine leicht abfallende, gelegentlich etwas gerade Kruppe und ein kräftiges, sehr starkes Fundament. Es ist anzunehmen, daß dieser Typ durch die Haltungsform in Arabien weithin geprägt wurde, wo die höchste Futterdankbarkeit und größte Leistungsfähigkeit in optimaler Weise zu kombinieren war.

Anhand der beigefügten Zeichnungen dürfte klar werden, daß der so skizzierte Koheilantyp der Grenztyp ist in Richtung Typus digestivus. Man sollte daher grundsätzlich vorsichtig sein, wenn man Pferde dieses ausgeprägten Typs untereinander paart. Bei solchen Paarungen kann dann wieder eine weitere Aufspaltung in der Vererbung eintreten in Richtung Verdauungs- bzw. Masttyp, d.h. daß hier in der Nachzucht zu mastige tiefrumpfige fettwüchsige Pferde entstehen können, die dann nicht mehr die nötige Härte und Leistungsfähigkeit haben. Die Gefahr einer solchen Entartung ist aus der Vollblutaraberzucht durchaus bekannt. Man muß also vor der Paarung zu schwammiger und leichtfuttriger Pferde *untereinander* warnen, die unter Umständen außerdem dann noch eine entsprechend schwammige, empfindliche Haut an den Beinen aufweisen können. Zuchtpferde des ausgeprägten Koheilantyps sollte man daher vorsichtigerweise lieber mit einem Partner des Saklawityps paaren.

Der Saklawityp ist weniger vom Verdauungstyp und auch nicht so sehr vom Muskeltyp, aber schon stärker vom Atmungstyp geprägt. Sein Kopf ist zwar auch keilförmig mit sehr ausgeprägten Nüstern, dreieckig geformter Maulspitze und kräftigen Ganaschen. Der Kopf ist jedoch in den Proportionen nicht ganz so

Koheilantyp – klassischer Typ.

Saklawityp – edler klassischer Typ.

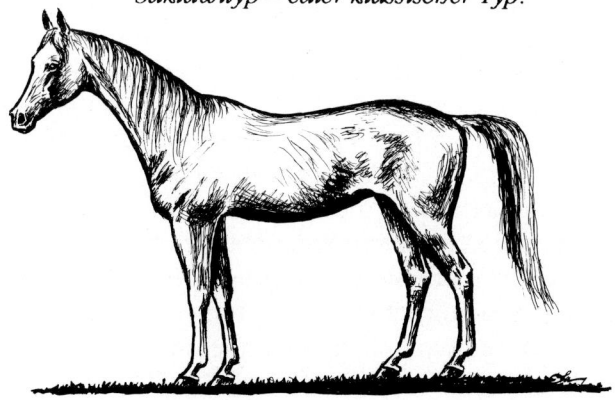

Muniqityp – Renntyp.
Zeichnungen: Dr. Otto Saenger.

breit im Augenabstand und etwas länger in der Stirnlinie als beim Koheilan. Die Haut ist am ganzen Körper etwas feiner und edler, die Knochen des Schädels treten daher wie gemeißelt und ziseliert hervor. Am ganzen Körper läßt die feinere Haut eine stärkere Beaderung und klares Muskelspiel erkennen. Die Brust ist etwas schmaler als beim Koheilan, etwas länger, der Rücken ist länger, der Knochenbau leichter, die Kruppe vielfach etwas mehr geneigt. Im ganzen verkörpert der Saklawityp Trockenheit und Adel.

Die gesamte Variationsbreite zwischen Koheilan- und Saklawityp wird als dem klassischen Rassetyp des Arabers angehörend bezeichnet, entspricht also dem Zuchtziel.

Der Muniqityp ist noch langliniger als der Saklawi. Er hat einen langen, verhältnismäßig schmalen Kopf, der nicht mehr so ausgeprägt keilförmig ist. Der Hals ist lang, die Brust ist verhältnismäßig schmal und lang mit schrägen Rippen und einem schrägen Zwerchfell. Diese Brustformation verbürgt eine optimale Atmungskapazität, die Voraussetzung für äußerste Schnelligkeit. Die Haut ist sehr fein, die Muskulatur trocken und plastisch und dem schmalen Körperbau angepaßt. Der Muniqi ist ein sehr edles Pferd mit feinem Knochenbau. Der Muniqityp entspricht auch in der Größe den oben angegebenen Zahlen. Er ist nicht zu verwechseln mit Fremdblutmischungen, die ähnlich aussehen, aber nicht die Trockenheit und den Adel des typischen Muniqis haben. Es ist anzunehmen, daß die Vorfahren des englischen Vollblutes vor allem Araber oder orientalische Pferde im Muniqityp waren. Sie haben mit Sicherheit die besondere Rennleistungsfähigkeit des englischen Vollblutes geprägt. So ist es aber wohl auch zu erklären, daß die später in England gezüchteten Vollblutaraber, die stärker dem Koheilantyp entsprachen, in der züchterischen Kombination mit dem englischen Vollblut nicht mehr die Rennleistungen erbrachten, wie die Muniqivorfahren der englischen Vollblüter. Für die Vollblutaraberzucht bleibt auch hier zu beachten, daß man bei extremer Anpaarung von Saklawitypen untereinander bei der natürlichen Aufspaltung des Typs in der Nachzucht in den Muniqityp und damit immer mehr in das Extrem des Renntyps hinein gelangen kann. Wer mit Vollblutarabern Erfolge

Ein Hengst im besten Koheilantyp *mit kurzem Kopf, breiter Stirn, großem Auge, kräftiger Ganasche, wenig ausgeprägtem Widerrist, tiefrumpfig, sehr muskulös, viel Hengstausdruck.*

Hauptbeschäler in Babolna: ABBAS PASHA I *v. Abbas Pasha u.d. 2 Ghalion im Alter von sieben Jahren vorgestellt anläßlich des Jubiläums „200 Jahre Babolna". Foto: Dr. Otto Saenger.*

21

auf der Rennbahn sucht, sollte natürlich in erster Linie Pferde des extremen Saklawi- bzw. Muniqityps verwenden. Diese Tatsache macht aber auch deutlich, daß in der Vollblutaraberzucht die ausschließliche Selektion nach Erfolgen auf der Rennbahn kein alleiniger Maßstab sein kann.

Zusammenfassend ist zu sagen, *daß die Variationsbreite zwischen Koheilan, Saklawi und Muniqi insgesamt als rassetypisch anzusehen ist.* Pferde, die sich noch mehr dem Extrem nähern, sind nicht als rassetypisch anzusehen. Zum Beispiel sind solche Pferde, die dem schweren Warmblüter (Typus muskularis), dem Vollblüter (Typus respiratorius) oder dem pummligen Ponytyp (Typus digestivus) ähneln, als untypisch für die Vollblutaraberzucht abzulehnen. Für jeden Züchter, Richter bzw. Beurteiler des arabischen Vollblutes ist es von großer Wichtigkeit, die vorstehend dargestellten Typunterschiede richtig zu erkennen und einzuschätzen. Dieses wird vielfach in der Praxis erschwert durch den unterschiedlichen Futterzustand, in dem die Pferde bei einer sich ergebenden Beurteilung – sei es in der züchterischen Praxis oder auf einer Schau – das äußere Erscheinungsbild des Pferdes beeinflussen. So kann zum Beispiel ein sehr üppig gefütterter Saklawi auf den ersten Blick einem Koheilan ähneln und umgekehrt ein sehr knapp gehaltener Koheilan einem Saklawi. Untrüglich ist bei der Beurteilung aber immer der Kopf des Pferdes, der durch den jeweiligen Futterzustand nicht verändert wird. Pferde mit kurzem Kopf und breiter Stirn sind unabhängig vom Futterzustand Koheilans und Pferde mit längerem Kopf und schmalerer Stirn bzw. geringerem Augenabstand sind auch bei optimalem Futterzustand als Saklawityp anzusprechen.

b) Der Leistungstyp

bezeichnet – nach Heling – „als der unmittelbare Ausdruck der Veranlagung zu vermutbarem Können, als Zeichen von Energie, Nerv und Härte, Prägnanz und Bedeutung der Leistungsmerkmale, sowie zum anderen als der mittelbare, also der abgeleitete Eindruck von Typ als dem Ausdruck der inneren Anlagen, als den Spiegel der Seele. Der Begriff des Leistungstyps umfaßt und

Edler Saklawityp mit großer Ausstrahlung *von Adel und Schönheit
im Kopf, sehr gut aufgesetztem
Hals mit feinem Genick, ausgeprägtem Widerrist, geschmeidigen
arabischen Bewegungsmanieren:*

*Der aus El Zahraa/Ägypten stam-
mende KAISOON v. Nazeer u.d.
Bint Kateefa geb. 1958, hier auf
der Schau in Ankum 1970 im
Alter von 12 Jahren. Foto: H. Sting*

schließt in sich zunächst die Folgerungen aus dem Exterieur, soweit die Schärfe der Konturen, die Reinheit und Klarheit aller Begrenzungslinien sowohl des Körpers als vor allem des Fundaments sonderlich seiner Gelenke und Sehnen, die Trockenheit der Textur in Gewebe und Haut, der Glanz des Haarkleides als Kriterium der Gesundheit, der Ausdruck der Gesamterscheinung als Kennzeichen der Konstitution, Gesicht und Auge als überzeugendes Bild der nervlichen Energieausrüstung und andere Dinge sie erlauben. Er wird aber gleichermaßen vervollständigt durch die Rückschlüsse auf das Interieur der seelischen Verfassung und Intelligenz, auf den Willen zur Hergabe der Kräfte, kurz auf die Leistungsbereitschaft. Dafür geben insbesondere der Grad des Adels der Gesamterscheinung, Stellung, Größe und Ausdruck der Augen, das Gesicht, der Kopf, das Ohrenspiel, die Nüstern, aber auch das allgemeine Auftreten, die Manieren, die Reaktion auf die Umgebung, das lebendige Anteilnehmen am Geschehen ringsum und viele andere Anzeichen beachtliche Aufschlüsse."

Es ist das Verdienst von Dr. Heling, gerade den Begriff des Leistungstyps geprägt und in der Pferdebeurteilung populär gemacht zu haben. Die vorstehend gebrachten Originalausführungen von ihm sind aber nicht leicht verständlich, so daß nachfolgend versucht werden soll, das Anliegen, um das es hier geht, noch deutlicher zu machen: Die Beurteilung im Hinblick auf den Leistungstyp stellt sich zur Aufgabe, die *inneren Eigenschaften des Pferdes*, die *Charakter und Wesen* ausmachen, zu erforschen und dadurch *konkrete Rückschlüsse auf die Leistungsbereitschaft des Pferdes zu ziehen*. Dieses ist von ganz besonderer Bedeutung in der Araberzucht. Hier spielt der durch Gestalt, Auge und Ohrenspiel zustande kommende Ausdruck des Kopfes, die Trockenheit der gesamten Textur der Körpergewebe und die Manieren des Auftretens, das Verhalten in Verbindung mit dem Gangvermögen eine wesentliche Rolle. Hierzu gehört auch der Begriff des Adels als Ausdruck einer bestimmten Konstitution mit einer entsprechenden Textur von Haut und Haar sowie einer bestimmten Gestaltung von Kopf und Hals als erkennbare Zeichen einer feinen Struktur des gesamten Körpergewebes, die einen energischen Stoffumsatz in den Körperzellen gewährleistet. Pferde mit einem trockenerem edlerem Gepräge sind also vom Leistungs-

Einer der auf deutschen Bahnen erfolgreichsten Vollblutaraber-Rennhengste *ist* SUSDAL *v. Neron u.d. Salomea aus der Zucht von Dr. Traue, 4690 Herne 1 und im Besitz des Rennstalls Bruhns, 2724 Hassendorf. Der Hengst wurde 1986 gekört und lief in den Jahren 1986 bis 1989 insgesamt 12 Rennen, davon 7 internationale Rennen. Er konnte 8 Siege und 4 Plazierungen verzeichnen. 1987 erzielte er in den Niederlanden einen Rekord über 2.200 m in 2,24 Min. Susdal ist der langlinige, trockene aber korrekte Renntyp mit viel Hals und guter Sattellage.*

standpunkt höher zu bewerten, als lymphatische Typen mit trägerem Stoffumsatz. Adel wird in Verbindung mit einer harmonischen und ausdrucksvollen Gestaltung von Kopf und Hals außerdem zum Charakteristikum der Schönheit eines Pferdes. Ich zitiere nachstehend wörtlich aus dem Buch von Prof. Löwe, das im Vorwort angeführt ist:

„In diesem Zusammenhang ist auch auf das *Auge* als Spiegel wertvoller Eigenschaften hinzuweisen (Temperament, Charakter, Leistungsbereitschaft). Ebenso manifestiert sich auch eine Neigung zur Bösartigkeit durchaus im Auge. Wünschenswert sind große, klare und klug wirkende Augen mit nicht allzu wulstigen Augenlidern, die vielfach gerade bei Typen mit grobem Körpergewebe vorkommen. Grundsätzlich soll der Hengst in seinem Augenausdruck mehr Energie und die Stute mehr Sanftmut ausstrahlen. Das Streben nach einem möglichst lebendigen Auge als Zeichen einer großen Aufgeschlossenheit für die leistungsmäßige Aufgabe findet dort seine Grenze, wo eine zu große Lebendigkeit etwa zu einem Temperaments- oder Charaktermangel wird, wie das bei Pferden der Fall sein kann, die zu viel „WEISS" im Auge zeigen. Diese meist nur vorübergehend sichtbar werdene Eigenart ist nicht zu verwechseln mit einem anderen Merkmal des Auges, der normal gefärbten Iris: Glasauge (weißliche bis hellgraue Iris), Birkauge (hellbraune Iris), Kakerlaken (durchscheinende, rote Iris). Im übrigen sichern die quergestellte Pupille und die große Beweglichkeit des Augapfels dem Pferd die Sehmöglichkeit auch bei schwacher Beleuchtung."

Das große dunkle ruhige Auge deutet allgemein auf Nervenstärke und wertvolle Charaktereigenschaften hin. Für die Beurteilung des Leistungstyps spielt die Ausdruckskraft des großen ruhigen Auges und der Gesamtausdruck des Kopfes eine entscheidende Rolle. Diese Ausdruckskraft und die Schönheit des Araberkopfes ist also nicht nur Selbstzweck, sondern mit eine Voraussetzung für Leistungsbereitschaft und Energie sowie ausgeglichenes Temperament. Der wirkliche Pferdekenner bemüht sich also, am Ausdruck von Kopf, Gesicht und Gesamterscheinung den Charakter, das Wesen des Pferdes zu erfassen im Hinblick auf seine Leistungsbereitschaft. Es gibt in dieser Beziehung sehr große Unterschiede bei den Pferden, die insbesondere bei der reiterlichen

Saklawityp an der Grenze zum Muniqityp – Leistungstyp: HAMASA GHARBI *v. Gharib u.d. Hamasa Tumaderah v. Tufail-Kaisoon, gez. von Dr. W. Olms, Hamasagestüt Treis, im Besitz v. H.W. Falk, 2905 Portsloge.* Hamasa Gharbi, *ein sehr trockener und eleganter Rapphengst,* gewann das Bundes-Championat der Einspännerdistanzfahrer 1989 *in Deutschland, gefahren von Hans Werner Falk in der sensationellen Zeit von vier Stunden und 26 Minuten über eine Distanz von 90 km. Der Hengst war damit um 20 Minuten schneller als der Vorjahressieger. Hier zeigte sich in ganz besonderer Weise die Härte und Leistungsfähigkeit des Vollblutarabers. Der Hengst auf diesem Foto in perfekter Trainingskondition, dabei völlig gelassen im Wesen, aufmerksam mit großen Augen und ausbalanciert im Charakter. Von ihm geht eine Ausstrahlung von Leistungsbereitschaft und Energie aus. Sein Vollbruder „Hamasa Gamin" steht in den Royal Stables des Präsidenten der V.A.E. Shaikh Zayed Bin Sultan Al Nahyan.*
Foto: Axel Baumann

Ausbildung unter standartisierten Bedingungen, wie sie in der Hengstprüfungsanstalt beim Hundert-Tage-Test üblich ist, erkannt werden können. Eine wesentliche und entscheidende Rasseeigenschaft des Arabers ist ja gerade der gute Charakter. Wenn man hierauf aber bei der Beurteilung und in der züchterischen Selektion nicht achtet, können sich schnell in der Nachzucht diesbezüglich auch negative Eigenschaften einschleichen, was unter allen Umständen verhindert werden muß. Arabische Pferde dürfen nicht nervös und heftig sein, wohl aber temperamentvoll und lebhaft ohne Falschheit. Wenn sich ein Vollblutaraber auf einer Schau oder überhaupt sehr nervös und aufgeregt zeigt und vom Vorführer nur unter Schwierigkeiten beherrscht werden kann, so ist dieses auf jeden Fall sehr negativ zu bewerten auch im Hinblick darauf, daß bei einer Schau unter Umständen Doopingverdacht besteht.

c) Der Geschlechtstyp

wird allgemein auch als Hengstausdruck oder Stutenausdruck bezeichnet. Für ein Zuchttier ist es unabdingbare Voraussetzung, daß der Geschlechtstyp ausgeprägt ist. Ein Hengst muß also in der Gesamterscheinung männlichen Ausdruck haben, eine Stute weibliches Gepräge. Dabei ist zu berücksichtigen, daß besonders beim arabischen Pferd, das im ganzen spätreif ist, der Geschlechtstyp sich oft erst im Alter von fünf bis sechs Jahren und nach Zuchtbenutzung voll entwickelt. Der Geschlechtstyp ist mit Worten schwer zu umschreiben. Eine Stute muß sanft und mütterlich aussehen. Sie hat meist einen weniger stark ausgeprägten Hals, vor allen Dingen was die Nackenwölbung anbetrifft. Der Hengst soll ein Auftreten wie ein Herr haben. Sein Hals ist meist kräftig ausgebildet. Es ist jedoch zu beachten, daß ein edler Saklawihengst nicht den mächtigen Nacken und das imposante Muskelspiel des Koheilanhengstes hat, daß er aber in seinem Adel und in sprühendem Temperament auch eine starke männliche Ausstrahlung haben soll.

Leistungstyp *mit sehr gutem Hengstausdruck – Kombination zwischen Saklawi- und Koheilantyp mit sehr gutem Reitpferdehals, gutem Widerrist und Sattellage, kräftiger Bemuskelung, kräftigem Fundament und sehr guten Gelenken. (Das Sprunggelenk ist etwas durch Schweifhaare verdeckt): Der vierjährige Hengst* MUNIM IBN SADDAM *v. Saddam u.d. Makari v. Ibrahim aus der Zucht von Frau E. Zimmermann, Vollblutarabergestüt Schwarzwald-Baar, 7737 Bad Dürrheim 4. Er war am 21.9.1989 Siegerhengst der Hengstleistungsprüfung in Marbach (Hundert-Tage-Test), an dem insgesamt 10 Vollblutaraber und 22 Warmbluthengste teilnahmen. Munim Ibn Saddam erzielte von all diesen Hengsten die höchste Punktzahl mit 130,04 Punkten, eine überragende Leistung, die besonders die vielseitige Reitpferdequalität des Vollblutarabers in Konkurrenz mit den anderen Rassen unter Beweis stellte. Der Hengst war im Jahre zuvor bei der Körung in Kranichstein prämiert, zählte also zu den Spitzenhengsten der Körung, womit eindrucksvoll die Übereinstimmung von Exterieurbeurteilung und Leistungsprüfung dokumentiert ist. Foto: Rik van Lent*

d) Der Idealtyp des Vollblutarabers

Zusammenfassend ist zur Typbeurteilung zu sagen, daß das arabische Pferd in jedem Fall eine stolze Haltung in der Bewegung zeigen soll. Es soll immer hohen Adel und Energie ausstrahlen, sobald es sich bewegt. Charakteristisch für das arabische Pferd ist, daß es, wenn es ruhig im Stall steht, oft unscheinbar und teilnahmslos wirkt. Es entfaltet seine volle Ausstrahlung in der freien ungehinderten Bewegung und trägt dabei den Kopf hoch erhoben. Ein elegant getragener Schweif vollendet dabei den Gesamteindruck. Diese typisch arabischen Bewegungsmanieren sind weiterhin gekennzeichnet durch graziöses, tänzerisches, elegantes Auftreten.

Man kann annehmen, daß bei den Beduinen, die einen Sattel im heute gebräuchlichen Sinne nicht hatten, solche Pferde als besonders angenehme Reitpferde empfunden wurden, die leichtfuttrig waren, mit kräftig gewölbtem Brustkorb, weniger ausgeprägtem Widerrist und elastischem Rücken, also Pferde des beschriebenen Koheilantyps. Sie mögen als ideale Reitpferde gegolten haben. Man sitzt auf solchen Pferden auch ohne Sattel bequem. So dürfte es zu erklären sein, daß bei den Beduinen der Koheilantyp sich als Reitpferd großer Wertschätzung erfreute.

Am Ende des 20. Jahrhunderts benutzt man jedoch zum Reiten grundsätzlich einen Sattel. Somit spielt eine gute Sattellage, also ein genügend ausgeprägter Widerrist des Pferdes heute in der Beurteilung und Wertschätzung hinsichtlich der Reiteignung eine entscheidende Rolle. Bei Pferden mit schlechtem Widerrist rutscht der Sattel leicht zu weit nach vorn, und der Reiter sitzt zu sehr auf der Vorderhand des Pferdes. Auch kann bei mangelhaft ausgeprägtem Widerrist ein Sattel leicht seitlich verrutschen. Daher ist in der jetzigen Entwicklung der Zucht ein Pferd, das vom Saklawityp beeinflußt ist, das jedenfalls aber einen ausreichenden Widerrist hat, in der Beurteilung zu bevorzugen.

Somit ergibt sich, daß nur die relativ enge Variationsbreite zwischen Koheilan- und Saklawityp dem angestrebten Zuchtziel in der Vollblutaraberzucht entspricht. Dementsprechend muß auch auf Schauen ein Pferd in diesem klassischen Typ am höchsten bewertet werden, das eine gute Sattellage hat. Wegen der allge-

Der klassische, typvolle, trockene und edle Ausdruck des Vollblutaraber-Hengstkopfes:

Breite Stirn, leicht eingesattelter Nasenrücken, dunkles kluges aufmerksames Auge, kantige große Nüstern – die Linie von der Nüsternkante zur Oberlippenspitze und weiter zur Kinnspitze bildet ein gleichschenkliges Dreieck – breite kräftige Ganaschen, leicht und beweglich angesetzter Hals, im Ganzen ausgeprägter Araberadel:

MAYSOUN (Ansata Halim Shah – Maysouna) geb. 25.4.1985. Z.u.B.: Vollblutarabergestüt Maiworm, 5983 Balve 12
Maysoun wurde Junior Champion Asil Cup Int. 1986 Dillenburg, Junior-Champion Gieboldehausen 1987, Gesamtkörungssieger 1987, Junior-Champion Ströhen 1988, Junior-Champion Asil-Cup Int. 1988 Ludwigsburg

Der klassische typvolle, trockene und edle Ausdruck des Vollblutaraberstutenkopfes: *Die vielfache Championatsgewinnerin* BINT SYLVAN LASS *aus der Zucht von Steiners Vollblutarabergestüt, 8901 Bach bei Augsburg, und im Besitz von Frau Christine Wensauer, 8356 Oberkreuzberg, – breite Stirn, leicht eingesattelter* *Nasenrücken, dunkles kluges aufmerksames Auge, kantige große Nüstern, die Linie von der Nüsternkante zur Oberlippenspitze und weiter zur Kinnspitze bildet ein gleichschenkliges Dreieck, breite kräftige Ganaschen, leicht und beweglich angesetzter Hals, im ganzen ausgeprägter Araberadel. Foto: Irina Filsinger*

meinen Ähnlichkeit beider Typen und weil die meisten typvollen Pferde eine Mischung zwischen beiden Typen sind, muß man auch in diesem Bereich der natürlichen Variationsbreite das Ideal des Typs beim arabischen Pferd sehen.

Dieser klassische Typ soll natürlich gleichzeitig eindeutig die wesentlichen Merkmale des Leistungstyps und des jeweiligen Geschlechtstyps aufweisen.

Exterieurbeurteilung

Die Beurteilung des Vollblutarabers muß vom Gebrauchswert als Reitpferd in Verbindung mit dem Rassetyp geprägt und begründet sein. Auch in der Exterieurbeurteilung ist der Ausdruck von Trockenheit und Adel in der Gesamterscheinung zunächst ausschlaggebend. Dieses wird bewirkt durch eine *feine, seidige Haut*, die insbesondere dann, wenn das Pferd galoppiert ist, die Adern an Hals und Schultern deutlich hervortreten läßt.

Der Kopf ist in jedem Falle keilförmig, in der Nasenprofillinie je nach Typ mehr oder weniger eingesattelt (Hechtkopf), *die Nüstern* sind groß, elastisch, sehr erweiterungsfähig, sie haben dünnwandige scharfe Ränder. Besonders in der Bewegung sind die Nüstern, die sehr erweiterungsfähig sind, groß und weit geöffnet, so daß sie das Einströmen großer Luftmengen ermöglichen. Das Pferd kann bekanntlich nur durch die Nase und nicht durch das Maul atmen. *Das Maul* ist klein, die Begrenzungslinie von der Nüsternlinie zur Oberlippenspitze und zur Kinnspitze bildet ein gleichschenkliges Dreieck. Das Gesicht zwischen Augen und Nüstern zeigt durch Hervortreten des Nasenbeins, der Ganaschenkanten und der Beaderung eine klar gegliederte Formation, die durch die Feinheit der Haut deutlich markiert wird. *Die Ganaschen* sind breit, weit auseinanderliegend und kräftig bemuskelt. *Die Augen* sind ausdrucksvoll, groß, dunkel, ruhig und zeigen vielfach eine lange Bewimperung. Die Ohren sind wohlgeformt, haben edel geschwungene Spitzen, sind fein und haben dünne Ränder.

Die Kehle ist frei und zeigt einen edlen Halsansatz, so daß der Kopf sehr beweglich ist. *Der Hals* ist beim Koheilan vielfach etwas kürzer, aber kräftig bemuskelt mit leichtem Genick, beim Saklawi etwas länger und beim Muniqi lang. Er ist leicht gebogen und gut angesetzt, d.h. zwischen Bugspitze und Widerrist von der Seite gesehen wesentlich breiter als zwischen Kehle und Genick. Er verläuft sanft in den Widerrist, gelegentlich mit einer gewissen Einknickung dort, wo der Hals am Widerrist ansetzt. *Mähne und Schweifhaar* sollen seidig und lang sein, so daß bei unfrisiertem natürlich getragenem Mähnen- und Schweifhaar der Adel der Gesamterscheinung nicht beeinträchtigt, sondern unterstrichen wird. Zu grobes zottiges Haar ist nicht rassetypisch. Stark lockige Mähnen- und Schweifhaare sind für das Kaltblutpferd rassetypisch. Es ist daher völlig abwegig und unverständlich, wenn etwa Aussteller von Vollblutarabern ihre Pferde in dem völlig verfehlten Glauben sie schön zu machen, vor der Schau einflechten, so daß Mähnen- und Schweifhaare dann gelockt erscheinen, obwohl sie natürlicherweise seidig und glatt sind, wie es dem Araberrassetyp entspricht. *Der Widerrist* ist beim Koheilantyp weniger ausgeprägt, beim Saklawi normal und beim Muniqi stark ausgeprägt. *Das Schulterblatt* soll von der Bugspitze zum Widerrist hin schräg und lang am Brustkorb und Widerrist anliegen und – besonders beim Koheilan – kräftig bemuskelt sein. Der Winkel, der an der Bugspitze zwischen Schulterblatt und Oberarmbein gebildet wird, soll mindestens ein rechter Winkel sein. Für die Geschmeidigkeit der Bewegung ist es noch günstiger, wenn dieser Winkel spitz ist. *Die Brust* darf keinesfalls zu breit sein. Eine vorn schmale und hinten etwas breiter ausladende Brust mit schräger Rippenstellung, die beim Saklawi und beim Muniqi schräger als beim Koheilan ist, bietet die Voraussetzung für ein schräg angesetztes Zwerchfell und eine große Differenz zwischen Einatmen und Ausatmen als Voraussetzung für die Atmungskapazität und damit die Leistungsfähigkeit.

Die „schmale Brust" ist natürlich relativ zu sehen. Das heißt, die Brust eines Vollblutarabers soll, ähnlich wie der Bug eines Schiffes, vorne schmaler als hinten sein. Die Notwendigkeit der schrägen Rippenstellung ist übrigens zuerst von dem Schweizer Duerst genauer erforscht worden. Er stellte fest, daß die Leistung, die auf

Die ideale Ausstrahlung einer guten Mutterstute *in Verbindung mit dem klassischen Rassetyp zeigt die 10jährige* BINT SYLVAN LASS *v. El Zahra u.d. Sylvan Lass, gezüchtet im Steiner-Vollblutarabergestüt, 8901 Bach, und im Besitz von Christine Wensauer, 8356 Oberkreuzberg. Die Stute ist in Typ und Exterieur so herausragend, daß sie in den Jahren von 1987 bis 1989 dreimal auf der Schau in Mindelheim das Seniorenchampionat und einmal das Gesamtchampionat gewann. Außerdem gewann sie das Seniorenchampionat der Stuten 1987 und 1989 sowie das Gesamtchampionat in Baden bei Wien und 1989 beim Nations Cup in Aachen das Seniorenchampionat der Stuten. Foto: Irina Filsinger*

Der klassische Typ – Koheilantyp – mit kurzem Kopf, breiter Stirn und starker Bemuskelung: IMPERIAL MADHEEN v. Messaoud und der Madina, geb. 25. 5.84, aus der Zucht von Prof. Dr. Paufler, Göttingen war in Deutschland Junior-Champion auf einer C-Schau, in USA mehrfach Champion und auch Grand-Champion sowie zweimal Reserve-Grand-Champion im Western-Pleasure.

36

Sauerstoffumsatz beruht, also z.B. Rennleistung des Pferdes, umso besser ist, je schräger die Rippenstellung, und er entwikkelte den Duerst'schen Rippenwinkelmesser, der die Stellung der Rippe von der Seite des Tieres aus gesehen im Verhältnis zur Horizontale im Rücken des Tieres mißt. Je rundrippiger und tonniger eine Brust und je breiter sie damit ist, umso kurzatmiger wird das Tier (und auch der Mensch). Das bedeutet, daß die Rippenstellung hier von der Seite gesehen steiler ist. Die anatomische und physiologische Erklärung für den Unterschied, daß Tiere mit breiter tonniger Brust keine Leistungen erbringen können und zum Fettansatz neigen und Tiere mit schräger Rippe und vorn relativ schmaler Brust Höchstleistungen und Dauerleistungen erbringen, liegt darin, daß bei der tonnigen Brustform der Raumunterschied im Brustkorb zwischen Einatmung und Ausatmung nur sehr gering ist, während diese Differenz, die entscheidend für den Sauerstoffumsatz ist, bei der schrägen Rippe durch das Auseinanderdehnen des Brustkorbes (Atmungskapazität) ganz erheblich größer ist. Daher nannte Duerst den Typ mit der schrägen Rippe auch den Atmungstyp und den mit der steilen tonnigen runden Rippe den Verdauungstyp. Hinzu kommt, daß auch das Zwerchfell bei der schnittigen Form des Atmungstyps schräger im Leib liegt und eine große Fläche einnimmt. Bei der tonnigen Brustform liegt das Zwerchfell ziemlich steil im Körper und macht dementsprechend eine kleinere Fläche aus. Die Zwerchfellatmung, die ja auch von größter Bedeutung ist, hat also bei den Tieren mit schräger Rippe eine erheblich höhere Kapazität.

Die Leistungsfähigkeit hängt vom Sauerstoffumsatz und von der entsprechenden Atmungskapazität der Lunge ab, diese wiederum von der Mechanik der Rippen und des Zwerchfells bei der Atmung. Diese anatomischen Voraussetzungen sind aber nicht nur für die Höchstleistung im Rennen über kurze Distanzen, sondern auch für die Dauerleistung von größter Wichtigkeit.

Es ist ein leider noch immer in der Tierzucht weitverbreiteter Irrtum, insbesondere bei Praktikern ohne fundierte wissenschaftliche Ausbildung, daß eine breite tonnige Brust etwas Gutes bei Leistungstieren sein sollte. Ein Beispiel war der Wallach „Shraffran", der jahrelang die Distanzritte in Ankum gewonnen hat.

Edler Saklawihengst mit sehr gut aufgesetztem Hals, *leicht im Genick, schön im Ausdruck des Kopfes, gut markierter Widerrist, gute Sattellage, schräge Schulter:* Der 8-jährige MASHOUR *v. Madkour I – Hadban Enzahi u.d. Shiwa – v. Ghazal – aus der Zucht des Vollblutarabergestüts Holger Ismer, Naturtierpark Ströhen und im Besitz von F.J. Patt, 5208 Eitorf-Büsch. Der Hengst gewann zweimal das Juniorenchampionat in Aachen, wurde Gesamtsieger der Hengstkörung Kranichstein 1983 und Reserve-World-Champion Paris 1983.*
Foto: Patt

Dieser Hadban-Enzahi-Sohn aus Marbach ist wohl u.a. wegen seiner Schmalbrüstigkeit nicht Zuchthengst geworden. Ein typisches Beispiel, welches zeigt, daß es notwenig ist, mit verkehrten Beurteilungsmethoden aufzuräumen. Man wird unter den Spitzenpferden der Distanzritte keine Pferde mit tonniger Rippe finden. Die Beispiele ließen sich zahllos vermehren. An den Hengsten der Hengstprüfungsanstalt Westercelle hat man festgestellt, daß die erfolgreichen Hengste in der Prüfung eine schmalere Brust hatten als die weniger erfolgreichen. Dabei ist hier der Geländeritt nur eine von mehreren Disziplinen.

Die Gurtentiefe (Brusttiefe), das Maß vom Widerrist zur unteren Begrenzungslinie der Brust, soll normal und keineswegs besonders ausgeprägt sein. *Das Vorderbein* soll korrekt gestellt sein, die Vorarmmuskulatur stark ausgeprägt, das Vorderfußwurzelgelenk klar modelliert und ausgeprägt sein, der vordere Mittelfuß trokken, prägnant und die Sehnen an der hinteren Begrenzungslinie klar modelliert und deutlich markiert. Das Fesselbein soll lang und elastisch sein und bei normaler Aufstellung des Pferdes einen Winkel von etwa 45 Grad zum Boden bilden. Die Begrenzungslinie an der Vorderseite des Fesselbeines soll harmonisch und in der gleichen Winkelrichtung in den Huf übergehen. *Der Huf* des arabischen Pferdes ist verhältnismäßig klein, keinesfalls breit und flach, sondern klar und hart, die Eckstreben sind gut ausgeprägt. Die Hufkonsistenz soll widerstandsfähig sein, so daß die Pferde weitgehend ohne Beschlag auskommen. Der Strahl ist gut ausgeprägt und von federnder gesunder Konsistenz, so daß er einen guten Schutz für die empfindliche Hufrolle bildet. *Es muß also besonders hervorgehoben werden, daß der charakteristische und rassetypische Huf des Vollblutarabers ein verhältnismäßig enger Huf ist.* Hierin besteht in der Beurteilung des Hufes beim arabischen Pferd gegenüber den üblichen Schemen, wie sie in anderen Lehrbüchern zu finden sind, ein wesentlicher Unterschied. Der relativ enge Huf mit verhältnismäßig steiler Hufwand ist beim arabischen Pferd kein Fehler, sondern ein Vorzug. Er ist rassetypisch und ermöglicht große Haltbarkeit und Härte. Natürlich darf es kein Zwanghuf werden, der ein schwerer Fehler ist. Ebenfalls darf die Hufwand seitlich bei bodenenger oder bodenweiter Stellung nicht unterkippen, was dann leicht eine Zwang-

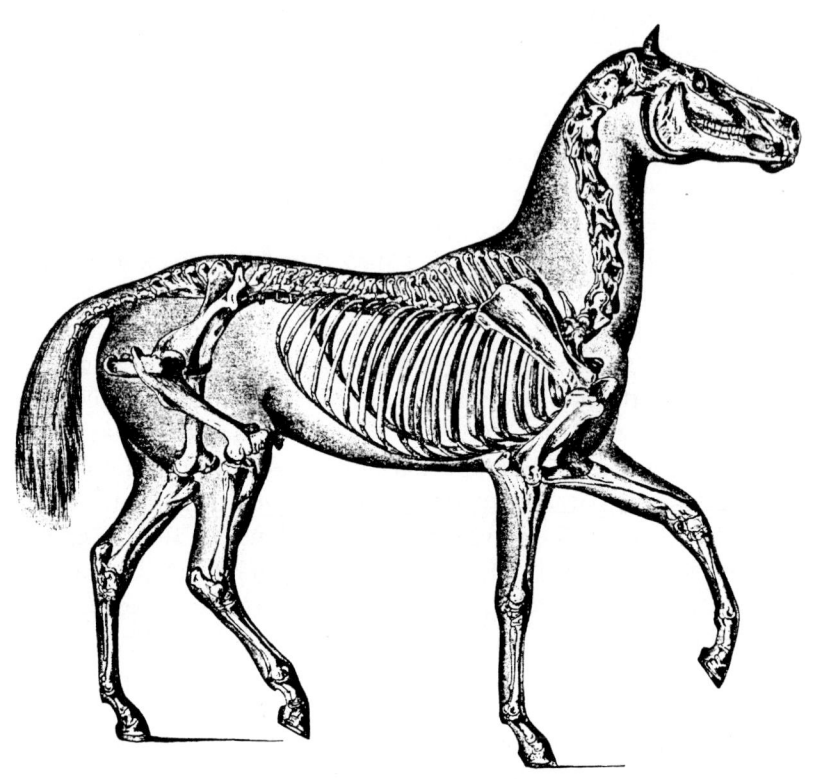

Skelett des Pferdes, in den Körper eingezeichnet.

Die wichtigsten Vorzüge und Fehler bei der Ausprägung des Hufes. *Hufe von vorn gesehen:*
a) Enger, für den Vollblutaraber normaler Huf. – Der Vollblutaraber hat einen relativ kleinen Huf von harter Horn-Substanz.
b) Normaler Huf

c) Zu breiter, flacher, daher fehlerhafter Huf (Gefährdung der Hufrolle), große Sohlenfläche, daher druckempfindlich.
d) Enger schiefer Huf mit einseitig unterkippender Hufwand.
e) Zwanghuf – schwerer Fehler.

a   b   c   d   e

Hufe von der Seite gesehen:
f) Normaler Huf, Winkel der Zehenlinie ca. 45 Grad oder geringfügig steiler.
g) Zu steiler, stumpfer Huf, steile kurze Fessel.

h) Zu flacher, spitzer Huf, ungenügend ausgeprägte Eckstreben (siehe c).
i) Steiler Huf in Verbindung mit gebrochener Zehenlinie.
j) Bockhuf.
Zeichnung: Dr. Otto Saenger

f   g   h   i   j

41

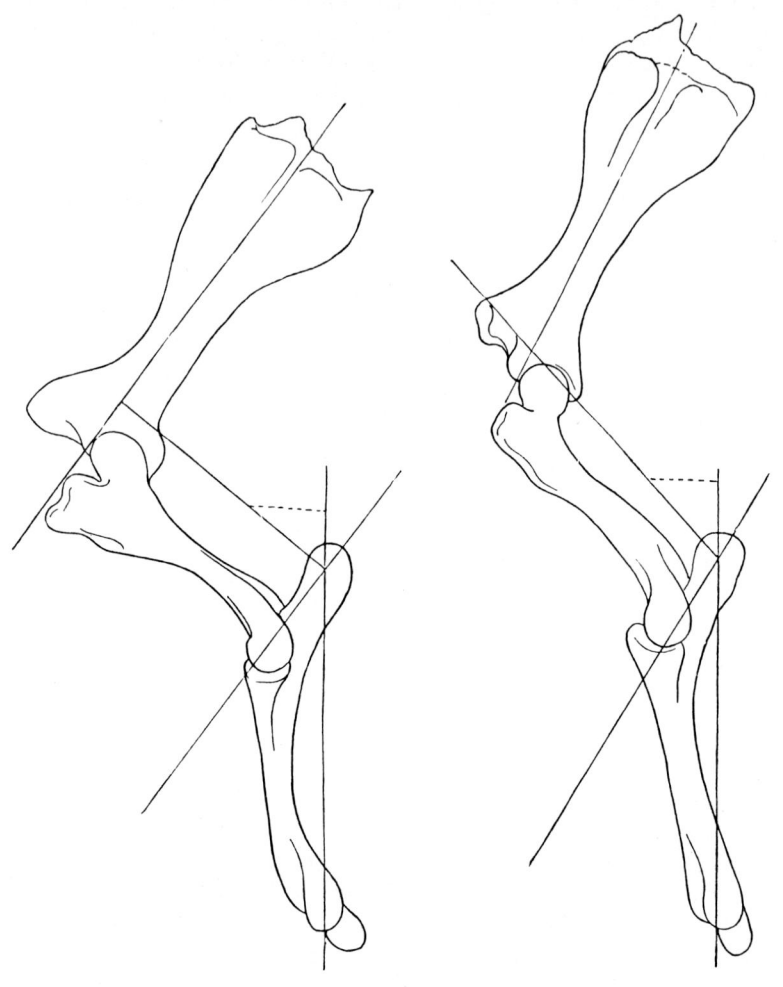

Knochenachsen der vorderen Extremität. Richtige Stellung.

Knochenachsen der vorderen Extremität. Schlechte Stellung.

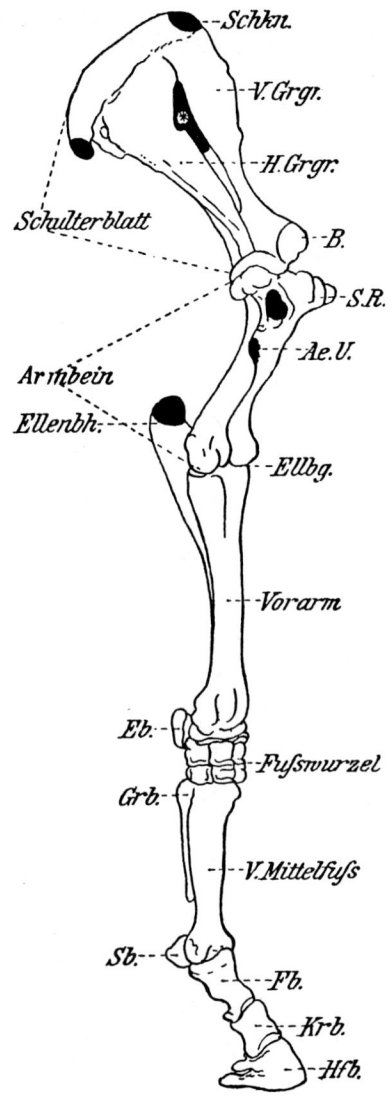

Vordere Extremität des Pferdes von außen betrachtet. *Schkn:* Schulterknorpel. *V.Grgr:* Vordere Grätengrube. *Grätenbeule. H.Grgr:* Hintere Gräbengrube. *B:* Schulterbeule. *S.R:* Sehnenrolle (beide für die langen Beuger des Vorarmes). *Ae.U:* Äußerer Umdreher des Armbeines. *Ellenbh.* und *Ellbg:* Ellenbogenhöcker und Ellenbogengelenk. *Eb:* Erbsenbein. *Grb:* Griffelbein. *Sb:* Sesambein. *Fb:* Feuelbein. *Krb:* Kronbein. *Hb:* Hufbein. (Die schwarz markierten Knochenpunkte treten an der Oberfläche des Körpers hervor.)

Ein Spitzenhengst mit hochedlem Exterieur und klassischen Typ. Der Hengst, hier im Alter von drei Jahren, steht ausgewogen auf allen vier Füßen, die Linie vom Sitzbeinhöcker über die hintere Begrenzungslinie des Hintermittelfußes bildet eine Senkrechte. Kopf und Hals werden natürlich und aufmerksam getragen:

HAMASA KHAZZAN *v. Kasr El Nil a. d. Nafteta von Kaisoon*

gezogen und im Besitz vom Olms Araber Hamasa Gestüt, 6301 Treis/ Lda. b. Gießen.
Er wurde Asil Cup International Juniorchampion 1985 und Reservechampion 1986 in Dillenburg. Klassensieger bei den U.K. Internationals in Großbritannien 1989, wirkte 1987 als Pachthengst in Italien und 1989/90 in Lodge Farm Arabian Stud, Major and Mrs. P.W.S. Maxwell, Großbritannien.

hufbildung zur Folge haben kann. Ein schwerer Fehler ist immer ein zu breiter, flacher oder gar in der Konsistenz weicher bzw. bröckliger Huf. Ein schwammiges unklares Fundament mit derber Haut und unklarer Modellierung der Sehnen ist abzulehnen. *Der Rücken* soll in jedem Falle mittellang und sehr elastisch sein. Dies ist die Voraussetzung für eine gute Sattellage und große Geschmeidigkeit der Bewegung, weshalb das arabische Pferd angenehm zu reiten ist. Ein kurzer fester Rücken ist fehlerhaft. *Die Kruppe* (Oberpartie der Hinterhand) wird in ihrer Lage charakterisiert durch die Verbindungslinie zwischen Darmbein (Hüfte) und Sitzbein. Diese Kruppenlinie, der das knöcherne Becken zugrunde liegt, sollte lang und leicht nach hinten abfallend sein. Hier soll in Länge und Breite Raum sein für eine kräftige Bemuskelung der Hinterhand. Eine seitlich stark abfallende Kruppe (Dachkruppe) ist deshalb nicht erwünscht. Die Kruppe ist mittellang, beim Koheilan gelegentlich ziemlich horizontal, bei der typischen Saklawistute eher dachförmig. Das optische Bild der Hinterhand und also auch der Kruppe schwankt stark je nach Futterzustand (Kondition) des arabischen Pferdes. Wie alle Tiere des Wüsten- bzw. des Wüstenrandgebietes hat auch das arabische Pferd die Fähigkeit, bei reichlichem Futterangebot Fett an bestimmten Körperteilen zu deponieren als Reserve für Hungerzeiten. Dies geschieht beim arabischen Pferd über den Körper verteilt, aber besonders auch im Bereich der Kruppe und am Schweifansatz. So wirkt eine im normalen Futterzustand leicht geneigte Kruppe in üppiger Kondition waagerecht oder eben horizontal in der oberen Begrenzungslinie. Deshalb findet sich in der Literatur vielfach der Hinweis, das arabische Pferd habe eine horizontale Kruppe. Es muß daher klar definiert werden, daß die gerade Kruppenform des üppig gefütterten Pferdes der vom Leistungsstandpunkt idealen, leicht geneigten Kruppe des normal gefütterten Pferdes entspricht. Wenn ein Pferd wirklich eine extrem horizontale, lange Kruppe hat, fällt dementsprechend automatisch die ganze Hinterhand nach hinten heraus. Dadurch wird die gesamte Leistungsfähigkeit des Pferdes als Reitpferd oder auch als Zugkraft in starkem Maße beeinträchtigt. Eine horizontale Kruppenlage hat eine entsprechend horizontale Lage des

Beckens zur Folge, was weiterhin bewirkt, daß die Hinterbeine in allen Gangarten nicht genügend unter den Schwerpunkt des Körpers treten können. Das für alle reiterlichen Disziplinen notwenige Versammeln des Pferdes auf der Hinterhand als Voraussetzung für jegliche Leistungs- und Bewegungsentfaltung wird durch eine so herausfallende Hinterhand stark erschwert oder gar ganz verhindert. Deshalb ist bei allen Beurteilungen eine horizontale Kruppe negativ zu bewerten. Dagegen ist eine nach hinten leicht abfallene und lange Kruppe mit voller Bemuskelung und guter Proportionierung der gesamten Hinterhand als ideal anzusehen. *Es ist daher auch völlig falsch, wenn Pferde auf Schauen oder überhaupt bei Musterungen in der sogenannten Streckhaltung vorgestellt werden,* wobei die Hinterbeine ganz stark nach hinten herausgestellt werden und auf dieser Weise eine horizontale Kruppe, die in Wirklichkeit gar nicht vorhanden ist, vorgetäuscht werden soll. Ein solches Vorstellen der Pferde ist nur als eine Entartungserscheinung im Schauwesen zu bezeichnen und entsprechend abzulehnen, auch deswegen, weil bei dieser Art der Aufstellung die Ausprägung des Sprunggelenks nicht beurteilt werden kann und schon aus diesem Grunde vom Richter eine schlechte Note für das Fundament notwenigerweise gegeben werden muß. Die Breite an den Hüfthöckern soll der Breite in den Umdrehern entsprechen. Die gesamte Bemuskelung der Hinterhand muß kräftig und harmonisch sein. Die Nierenpartie als Übergang von der Mittel- zur Hinterhand ist kurz. Die Querfortsätze der Nierenwirbel sind breit, so daß hier eine kräftige Rückenmuskulatur auflagern kann und eine gute Kraftübertragung von der Hinterhand nach vorn möglich ist. *Die Flanke* soll normal ausgebildet sein. Das arabische Pferd hat allerdings die Eigenschaft, daß der gesamte Verdauungsraum nach Hungerzeiten bei verstärktem Rauhfutterangebot oder beim Auftreiben auf die Weide im Frühjahr sehr erweiterungsfähig ist. *Die Knochen der Hinterhand* sollen eine gute Winkelung gegeneinander vorweisen. Das Oberschenkelbein bildet bei normaler Stellung mit der Linie zwischen Kniescheibe und Umdreher gegenüber der Linie Umdreher – Hüfthöcker fast einen rechten Winkel. Ebenso soll das Oberschenkelbein mit dem Unterschenkelbein etwa einen rechten Winkel bilden. Das Sprungbein als wichtigster

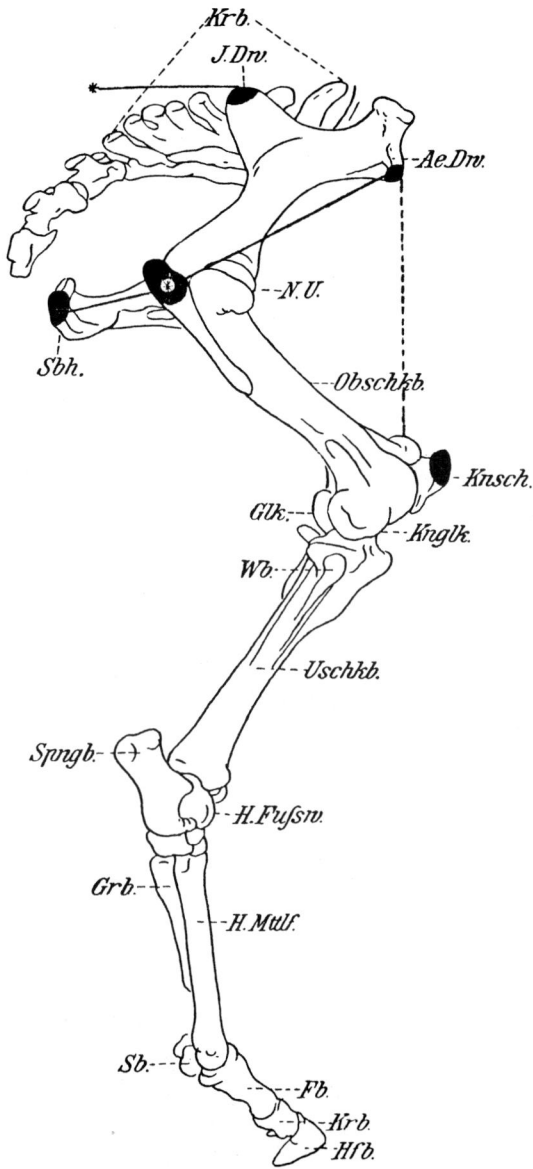

Kr-b.
J.Drv.
Ae.Drv.
N.U.
Sbh.
Obschkb.
Knsch.
Glk.
Knglk.
Wb.
Uschkb.
Sprngb.
H.Fußw.
Grb.
H.Mttlf.
Sb.
Fb.
Kr-b.
Hfb.

Hintere Extremität des Pferdes in Seitenansicht. *Die schwarzgefärbten Knochenpunkte treten durch die Haut sichtbar hervor. Krb: Kreuzbein. Ae.Dw: Äußere Darmbeinwinkel. Sbh: Sitzbeinhöcker. Obschkb: Oberschenkelbein. Knsch: Kniescheibe. Knglk: Knie-gelenk. Glk: Gelenkknorren. Wb: Wadenbein. Uschkb: Unterschenkelbein. Sprgb: Sprungbein. H.Fußw: Hintere Fußwurzel. Grb: Griffelbein. H.Mittf: Hintermittelfuß (Röhre). Sb: Sesambein. Fb: Fesselbein. Krb: Kronenbein. Hfb: Hufbein. I.Dw: Innerer Darmbeinwinkel.*

Der Rippenwinkel nach Duerst *ist beim Muniqi am schrägsten, beim Saklawi etwas weniger schräg und* *beim Kobeilan noch weniger schräg.*

Zeichnungen: Dr. Otto Saenger

48

Edler, absolut trockener und eleganter Saklawityp, *Verbindung von viel Hengstausdruck und hohem Adel, arabische Manieren im Auftreten, schmal in der Brust aber langgestreckt und mit trockenem Fundament:*
Der 5jährige MASHOUR *v. Madkour I – Hadban Enzahi u.d. Shiwa – von Ghazal – aus der Zucht des Gestüts Ismer, Naturtierpark Ströhen und im Besitz von F.J.* Patt, 5208 Eitorf-Büsch. Hier als Klassensieger auf der internationalen Schau arabischer Vollblüter in Aachen 1985, weitere Angaben bei Bild Nr. 14. Mit gut gelagerter Kruppe, gut gewinkeltem Sprunggelenk und langen korrekten Fesseln verrät dieses Exterier auch höchste Geschmeidigkeit und Raumgriff in der Bewegung.
Foto: Irina Filsinger

49

Gleichgewichtspferd im kurzen Rechteckformat:
HAMASA von Hadban-Enzahi und der Shar Zarqa.
Z.u.Bes.: Olms Araber Hamasa Gestüt, 6301 Treis/Lda. b. Giessen.
Hamasa wurde ebenso wie ihre Nachzucht häufig prämiert. Zweimal wurde sie als das beste Vollblutaraberpferd im Lande Hessen mit einer Medaille durch den Hessischen Minister für Landwirtschaft ausgezeichnet.

Hebel am Sprunggelenk soll ausgeprägt sein, so daß *das Sprunggelenk* im ganzen kräftig ist. Dieses ist wichtiger als eine ideale Einschienung des Sprunggelenkes gegenüber dem Hintermittelfuß. Über Hintermittelfuß und Hinterfessel gilt das gleiche wie beim Vordermittelfuß und Vorderfessel. Lange Fesseln sind Voraussetzung für elastische schwungvolle und federnde Bewegungen. Der Hinterhuf ist etwas schmaler als der Vorderhuf.

Der Schweif ist hoch angesetzt und wird im hohen, weiten Bogen getragen. Es kommt gerade bei reinrassigen Vollblutarabern vor, daß sie bei Verspannungen oder Erregung den Schweif schief tragen. Dies muß sich aber geben, wenn das Pferd im reiterlichen Sinne gelöst ist. Vollblutaraber, die ständig den Schweif schief halten, sollten in der Zuchtverwendung nur behutsam eingesetzt werden, damit es allmählich gelingt, die schiefe Schweifhaltung aus der Zucht zu eliminieren.

Die Körperproportionen des arabischen Vollblüters sind dadurch gekennzeichnet, daß man ihn auch als Gleichgewichtspferd bezeichnet. Dies bedeutet, daß der Rumpf in etwa drei gleichlange Teile geteilt ist. Das erste Drittel ist in waagerechter Richtung zu denken von der Bugspitze bis etwa in Höhe des Endes des Schulterblattes, das zweite Drittel von hier bis zum Hüfthöcker und das dritte Drittel vom Hüfthöcker bis zum Sitzbeinhöcker. Extreme im Größenwachstum, aber auch in der Rumpfigkeit, im Breitenwuchs und in der Brusttiefe sind tunlichst zu vermeiden. Zu grobe und zu fettwüchsige Pferde sind ebenso unerwünscht wie solche mit schwammiger Haut und unedlem Ausdruck in der Gesamterscheinung.

Das arabische Vollblutpferd soll im kurzen Rechteckformat stehen. Dieses hier gemeinte Rechteck wird gebildet durch die Bodenlinie, durch die beiden Senkrechten, die vorn in der Höhe der Bugspitze gezogen werden und hinten von der hinteren Fesselbegrenzungslinie über den Sprungbeinhöcker zum Sitzbein. Die obere Begrenzungslinie entsteht durch eine Waagerechte, die durch die höchste Widerristspitze und die obere Begrenzung des Kreuzbeines gebildet wird. Bilden diese gedachten Linien ein Quadrat, so ist dieses noch als rassetypisch anzusehen. Fehlerhaft ist ein Hochrechteck oder ein zu lang gestrecktes Rechteck.

Bei der Beurteilung des arabischen Pferdes darf auch *die Farbe* nicht unerwähnt bleiben. Zwar gilt immer noch der alte Satz der Pferdebeurteilung: „Ein gutes Pferd hat keine Farbe." – Das bedeutet, daß man auf die Farbe nicht achten, oder sie als zweitrangig betrachten soll, wenn das Pferd als solches wirklich gut ist. Es gibt jedoch einige wichtige Eigenschaften, die auch mit der Pigmentierung verbunden sind und die in der Vollblutaraberzucht eine Rolle spielen und deshalb hier erwähnt werden müssen.

Zunächst ist zu sagen, daß erfreulicherweise in der Vollblutaraberzucht, mehr als in jeder anderen Rasse klare schöne Farben vorherrschen und somit auch die Farben die Schönheit dieses Pferdes sinnvoll unterstreichen. Der Schimmel wird manchmal schon frühzeitig schneeweiß, vielfach mit silbrigem Glanz, charakteristisch ist auch die Fliegenschimmelfarbe. Die gesunde Schimmelfarbe ist mit einer dunklen Hautpigmentierung verbunden.

Bei der braunen Farbe kommt eine satte dunkelbraune Färbung mit sehr starker Pigmentierung vor, oder auch die ganz besonders schöne kastanienbraune Farbe mit einem auffallend schönen Goldschimmer im Körperhaar. Bei den Füchsen herrscht die kräftig pigmentierte Dunkelfuchsfarbe oder die strahlend schöne Goldfuchsfarbe vor, ebenfalls verbunden mit Härte und Prägnanz in der Gesamterscheinung.

Die Rappen sind zwar selten, aber meist tiefschwarze Glanzrappen von hoher Eleganz.

In allen Farben sollte man züchterisch darauf achten, daß in jedem Falle die Hautpigmentierung kräftig und dunkel ist und daß möglichst wenig weiße Abzeichen an den Beinen vorkommen. Diejenigen Vollblutaraber, die keine Abzeichen an den Beinen haben, sind meistens auch mit einer trockenen, harten, widerstandsfähigen Haut am Fundament ausgerüstet.

Demgegenüber kann beobachtet werden, daß sehr rundrippige, leichtfuttrige, helle Füchse wenig Pigmentierung in der Gesamthaut haben, daß sie eine für den Araber untypische schwammige Haut haben mit vielen großen weißen Abzeichen an den Beinen. Solche Pferde können dann auch empfindlich sein, an diesen weißen Abzeichen und der entsprechend weniger trockenen

Haut, wobei zum Glück eine Anfälligkeit gegen Mauke beim Vollblutaraber fast nie beobachtet werden kann. Von Bedeutung ist jedoch, daß die weniger trockene Haut mit weißen Abzeichen an den Beinen auch mit einem hellen Huf verbunden ist, der unter diesen Voraussetzungen dann gelegentlich auch weniger hart und gesund ist als der für den Araber typische stahlharte und trockene Huf an dunkel pigmentierten Beinen.

Züchterische Vorsicht ist auch geboten bei Schimmeln mit mehr oder weniger großen pigmentlosen Platten oder Flecken am Körper oder auch am Kopf, die gelegentlich im Alter zunehmen. Bei solchen Pferden ist die Anpaarung mit kräftig pigmentierten dunklen Partnern für eine erfolgreiche Weiterzucht geboten.

Die Gangarten

a) *Der Schritt* soll energisch, fleißig und raumgreifend sein. Die schnelle energische Fußfolge ermöglicht ein gutes Schritttempo. Dabei sollen die Beine lang und elastisch federnd, fast katzenartig nach vorne schwingen. Vollblutaraber haben häufig einen relativ kurzen Schritt, der dann aber auch durch fleißigere und schnelle Fußfolge im Fortbewegungstempo bis zum gewissen Grade ausgeglichen werden kann. Züchterisch dürfte es richtig sein, darauf zu achten, daß der Schritt doch noch im Laufe der Generationen raumgreifender werden sollte. Die züchterische Voraussetzung ist hierfür gegeben, denn es gibt sehr wohl innerhalb der Rasse viele Pferde mit einem sehr guten raumgreifenden und fleißigen Schritt, die trotz geringerer Körpergröße im Schritt mit jedem Warmblut mithalten können.

b) *Der Trab* soll vor allen Dingen elastisch, federnd und schwungvoll sein. Dabei soll der Vorderfuß nicht unbedingt mit extremer Streckung oder gar noch hochgestrecktem Huf nach vorn ausgreifen, so daß er beim Auffußen mit der Eckstrebe zuerst auf den Boden trifft und dadurch die Hufrolle gefährdet. Es ist besser, wenn das Vorderbein mit ganz leichter Neigung im Vorderfußwurzelgelenk so nach vorn geführt wird, daß der Huf gleichmäßig auffußt. Dies entspricht den Notwendigkeiten des natürlichen

Federungsmechanismus im Huf. Von großer Bedeutung dagegen ist die Aktivität der Hinterhand im Trab. Das Sprunggelenk soll hoch und stark angewinkelt werden, der Hinterfuß weit nach vorne unter den Schwerpunkt des Körpers treten. Dabei ist es bei den sonstigen Körperproportionen des Vollblutarabers notwendig, daß der Hinterfuß im starken Trabe an dem Auffußpunkt des Vorderfußes vorbeitritt. Eine leichte Auswärtsstellung in der Hinterhand und eine etwas breit tretende Hinterhand im starken Trab ist daher kein schwerer Fehler. Da Pferde in der Natur vielfach im unebenen Gelände auf eine seitliche Abstützung angewiesen sind, findet man beim Vollblutaraber gelegentlich auch in der Vorderhand eine etwas zehenweite Stellung. Diese ist bei geringem Ausmaß nicht als schwerer Fehler anzusprechen. Dagegen ist die zehenenge oder bodenenge Stellung der Extremitäten immer ein Fehler. Wenn die Hinterhand im Trab kraftlos nachschleppt, so ist dies als ein schwerer Fehler zu bezeichnen, falls es nicht gesundheitliche Gründe hat. Die aktive Hinterhand zeigt die Fähigkeit zur Versammlung auf der Hinterhand. Dies ist für jedes Reitpferd von wesentlicher Bedeutung.

c) *Der Galopp* soll rund, rollend und enerigsch sein. Er soll klaren Dreitakt zeigen. In der freien Bewegung soll sich die Befähigung zu schneller Beschleunigung andeuten. Für den Vollblutaraber ist schnelle Reaktion und gute Balance charakteristisch. Auch in der freien Bewegung soll das Pferd beim Handwechsel umspringen.
Zusammengefaßt kann man sagen, daß die Beine des Vollblutarabers sein sollen wie Stahlfedern, die das Pferd jederzeit befähigen, sich unermüdlich und federleicht vom Boden abzuschnellen; – sie sollen aber keine Säulen sein, auf denen ein Denkmal ruht, das sich nicht bewegen kann.
Im *Gesamteindruck* soll der Vollblutaraber eine stolze Aufrichtung der Vorhand zeigen bei selbstsicherem Auftreten. Die typisch arabischen Bewegungsmanieren, die bereits angesprochen wurden, sollen in Erscheinung treten und Selbstsicherheit sowie innere Ruhe ausstrahlen.

Linksgalopp, am Ende der Schwe-
bephase fußt der rechte Hinterhuf
auf. Der Hengst geht in guter Aufrichtung reiterlich versammelt am
Zügel und zeigt eine starke arabische Ausstrahlung:
MAYSOUN (Ansata Halim Shah-
Maysouna) geb. 25.4.1985.
Z.u.B.: Vollblutaraber-Gestüt Maiworm, 5983 Balve 12

Maysoun wurde Junior Champion
Asil Cup Int. 1986 Dillenburg,
Junior-Champion Gieboldehausen
1987, Gesamtkörungssieger 1987,
Junior-Champion Ströhen 1988,
Junior-Champion Asil Cup Int.
1988 Ludwigsburg. Auch seine er-
sten Nachkommen Orashaan und
Nil Nafoura waren inzwischen er-
folgreich.

Losgelassene, raumgreifende, takt-
volle, geschmeidige Bewegung im
Trab *mit kräftigem Schub und weit
untergreifender Hinterhand, natürliche Aufrichtung in der Vorhand und gut getragener Schweif,
vorbildliche Vorführung: Die 10-* *jährige Vollblutaraberstute*
KODWA *v. Shadwan u.d. Alifa v.
Alaa El Din, Züchter Staatsgestüt
El Zahraa, Kairo/Ägypten, Besitzer Frau Nayla Hayek, 8165 Schlei-
nikon. Foto: Kübe*

UNTERSCHIEDE IN DER BEURTEILUNG VON ARABISCHEN ZUCHT- UND GEBRAUCHSPFERDEN

Es stößt bei Züchtern, die ihre Pferde auch intensiv reiten, immer wieder auf Unverständnis, wenn solche gerittenen Pferde auf Zuchtpferdeschauen in der Bewertung vielfach ungünstiger abschneiden als solche Stuten oder Hengste, die ausschließlich in Zuchtpferdekondition sind. Dies ist dadurch begründet, daß natürlich der routinierte Schaubeschicker sein Pferd auch äußerlich in einer optimalen Kondition vorstellt, die zwar auf keinen Fall zu mastig sein darf, die jedoch Glanz und Schönheit der Gesamterscheinung optimal zur Geltung bringt. Es ist durchaus möglich und auch vielfach schon praktiziert worden, daß auch gerittene Pferde in entsprechender Kondition gehalten und auf einer Schau vorgestellt werden können, wenn sie nicht gerade im Hochleistungstraining sind. Pferde jedoch, die stärker gearbeitet werden, haben natürlich in der Regel eine etwas aufgezogene Flanke und zeigen Trockenheit und Markanz in der Muskulatur ohne jede auch nur geringe Fettanlagerung. Der Richter auf einer Schau kann jedoch, da er weiter keine Informationen über das Pferd hat, in dem kurzen Moment der Beurteilung nicht wissen, was jetzt die Ursache für die unterschiedliche Kondition der Pferde ist. Er muß davon ausgehen, daß alle Züchter sich bemühen, die Pferde optimal vorzustellen. Davon abgesehen, ergeben sich jedoch für das Gebrauchspferd (Reit- oder Wagenpferd) anderweitige Schwerpunkte in der Beurteilung.

Der Rassetyp muß beim Gebrauchspferd nicht unbedingt so ausgeprägt sein wie beim Zuchtpferd, obwohl er auch hier unter Berücksichtigung der vorstehenden Ausführungen ein Gütesiegel sein sollte.

Der Geschlechtstyp spielt für das Gebrauchspferd keine Rolle. Ganz im Gegenteil kann beim Reitpferd der Wallach, der sich als immer gleichmäßig zuverlässiges Reitpferd erweist, einen besonderen Vorzug haben gegenüber rossenden Stuten oder unter Umständen sehr temperamentvollen Hengsten. Auf Turnieren oder Jagden sollten Hengste nur mit Vorsicht und unter erstklassigen Reitern eingesetzt werden.

Das Exterieur soll beim Zuchtpferd wie beim Gebrauchspferd korrekt sein, jedoch beschränkt sich beim Gebrauchspferd die Beurteilung noch stärker auf die wesentlichen reiterlichen Points wie gute Halsung, ausgeprägter Widerrist, gute Sattellage, gut untersetzende Hinterhand und kräftiges Sprunggelenk sowie korrekte Gänge.

Bezüglich der Farbe gilt für Zucht- wie für Gebrauchspferde das oben gesagte in gleicher Weise.

Temperament und Charakter sollen beim Zucht- und Gebrauchspferd in gleicher Weise einwandfrei sein. Erworbene Untugenden stellen für das Gebrauchspferd dagegen einen schweren Mangel dar, während sie beim Zuchtpferd geduldet werden können, wenn sie wirklich nicht erblich bedingt sind, sondern infolge unsachgemäßem Umgang mit den Pferden durch Besitzer oder Stallpersonal entstanden sind. In jedem Falle ist grundsätzlich Gesundheit für Zucht- wie für Gebrauchspferde in gleicher Weise von Bedeutung.

Erworbene Leiden, die z.B. durch Verletzungen oder Krankheiten entstanden sind, können bei Zuchtpferden verkraftet werden, soweit die Zuchtfähigkeit nicht beeinträchtigt ist. – Für das Gebrauchspferd sind sie negativ zu bewerten, wenn sie den Gebrauchswert vermindern.

Die Zuchtfähigkeit ist für ein Zuchtpferd unerläßlich, für ein Gebrauchspferd ohne Bedeutung. Insgesamt unterscheidet sich also die Beurteilung des Gebrauchspferdes von der Beurteilung des Zuchtpferdes dadurch, daß das Gebrauchspferd ausschließlich im Hinblick auf den sofortigen Einsatz und seine langfristige Leistungsfähigkeit als Reitpferd zu beurteilen ist. Ein gutes Zuchtpferd (sowohl Hengst als auch Stute) soll im Typ, Exterieur und Gangwerk immer die Voraussetzung haben, ein gutes Gebrauchspferd – Reitpferd – zu sein. Ein gutes Gebrauchspferd muß nicht die speziellen Qualitäten eines guten Zuchtpferdes im Geschlechtstyp haben.

BEURTEILUNG IM HINBLICK AUF ERBFEHLER

Die Typ- und Exterieurbeurteilung spielt in der gesamten Pferdezucht und also auch in der Vollblutaraberzucht eine sehr große
Rolle, weil Hengste wie Stuten in der Regel die von ihnen selbst
verkörperten Eigenschaften vererben. Man kann also züchterisch
nur durch die Zuchtverwendung von hochwertigen Zuchtpferden mit möglichst wenig Fehlern vorankommen. Dabei muß man
auch immer in Kauf nehmen, daß es fehlerlose Pferde überhaupt
nicht gibt. Ein wesentlicher Grundsatz in der Zucht ist, daß man
bei Zuchtpferden irgendwelche Fehler ruhig in Kauf nehmen
kann, die man bei der Anpaarung möglichst entsprechend aus-
gleichen sollte, wenn das Pferd in mindestens einer Eigenschaft
nicht nur gut, nicht nur sehr gut, sondern möglichst überragend
ist. Damit ist im wesentlichen schon die Frage beantwortet, die
hier aber noch einmal ausdrücklich gestellt werden soll: Was
vererbt sich? Die Antwort lautet: Es vererben sich unglaubliche
Kleinigkeiten und Nuancierungen sowohl im Gebäude als im
Gang und im Temperament, im Charakter und im Wesen der
Pferde. Es vererben sich vor allem die Körperproportionen und
besondere Eigenheiten einzelner Körperteile, aber auch Haarlän-
ge und -glätte, kleine Haarwirbel, Mut und Furchtsamkeit, Bosheit
und Zutraulichkeit, mangelhafte oder gute Fruchtbarkeit, sogar
Anfälligkeit gegen einige Krankheiten, Langlebigkeit, ganz besonders aber auch die reiterlichen Qualitäten des Pferdes. Dies
unterstreicht die außerordentliche Bedeutung einer richtig ange-
wandten Pferdebeurteilung. Unter Erbfehlern im eigentlichen
Sinne versteht man jedoch solche Erscheinungen, die meist rezes-
siv (unterdrückt) vererbt werden, also im Erbgang lange verbor-
gen bleiben können in vielen Generationen und erst bei einem
Fohlen auftreten, wenn von beiden Elternteilen der rezessive
Erbfaktor zur Auswirkung kommt. In der Regel handelt es sich
um Mißbildungen von verschiedener Art, die hier nicht alle auf-
gezählt werden sollen, die auf diese Weise zum Vorschein kommen können. – Festzuhalten ist jedoch zunächst, daß durch die
in der Araberpferdezucht schon immer verhältnismäßig stark be-
triebene Inzucht solche Erbfaktoren immer wieder aus der Zucht

ausgeschieden wurden und heute relativ selten vorkommen. Ein Beispiel für solche Erbfehler sind Gebißanomalien, von denen hier besonders zwei hervorgehoben werden sollen, auf die man auch in der Araberzucht besonders aufpassen sollte, weil sie gelegentlich vorkommen:

– *Das Karpfengebiß*, bei dem der Oberkiefer länger als der Unterkiefer ausgebildet ist, so daß die Schneidezähne des Oberkiefers mehr oder weniger weit über die Zähne des Unterkiefers überbeißen, weshalb man diese Erscheinung auch als Überbeißer bezeichnet.

– *Das Hechtgebiß*, bei dem der Unterkiefer länger als der Oberkiefer ist und somit die Schneidezähne der Unterkiefer vor den Schneidezähnen der Oberkiefer vorbeiwachsen, so daß sich langfristig, im Laufe des Lebensalters, eine Verlängerung des Unterkiefers ergibt.

Es können noch weitere Anomalien des Gebisses vorkommen, die jedoch beim arabischen Pferd sehr selten sind.
Wichtige, anderweitig bedingte Erbfehler, die in der Beurteilung eine Rolle spielen und gelegentlich auch immer wieder vorkommen, sind

– *die Hasenhacke*, eine unterhalb des Sprunggelenkshöckers vorkommende, knöcherne Deformation, welche die normalerweise gerade verlaufende Linie vom Sprunggelenkshöcker bis zur hinteren Begrenzung der Hinterfessel verletzt, weshalb diese Deformation bei schwächerer Ausbildung auch als „verletzte Linie" bezeichnet wird.
– *Ein Zwanghuf* ist dann gegeben, wenn die Hufwände, von vorne gesehen, von der Hufkrone aus leicht nach innen geneigt sind, was eine normale Mechanik der Federung innerhalb des Hufes verhindert und somit zur Lahmheit führen muß. Der Zwanghuf kann auch entstehen, wenn ein sehr enger Huf nicht korrekt steht, also nach innen oder außen verstellt ist und dadurch die jeweils innere bzw. äußere Wand unter den Huf unterkippt und so das Innere des Hufes beim Auffußen zusammengepreßt wird.

- *Extrem flacher Huf*
- *Bockhuf*

Gerade die Hufanomalien würden beim frei lebenden Pferd in der ursprünglichen Landschaft vor Jahrtausenden lebensgefährlich sein, wenn die Fluchtfähigkeit durch Lahmheit beeinträchtigt ist.

Beispiel eines in der Vollblutaraberzucht zur Zeit vorkommenden Erbfehlers, der allerdings in der Beurteilung keine Rolle spielt, weil die Fohlen frühzeitig sterben, ist der Immunmangel „Combined Immunodeficiency" bei Fohlen, der auf der WAHO-Tagung 1988 in London erörtert wurde.

DAS RICHTEN AUF SCHAUEN

Es ist eine uralte Diskussion in der Tierzucht, welchem System beim Richten der Vorzug gegeben werden soll: Eine Pauschalnote oder eine Mehrzahl von Einzelnoten für verschiedene Merkmale, die dann zusammengefaßt werden. Auf den Schauen im Gebiet des Deutschen Araberzüchterverbandes hat man sich im Verbandsvorstand und Zuchtausschuß dafür entschieden, das folgende *Richtsystem* anzuwenden:
Es werden für fünf verschiedene Kriterien vom Richter Punkte gegeben. Die Punktbewertung liegt zwischen 1 und 20 Punkten. Folgende Kriterien werden bewertet:

  – Typ (Rasse- und Geschlechtstyp)
  – Kopf und Hals
  – Gebäude (Körper und Oberlinie)
  – Fundament (Korrektheit)
  – Gänge (Schwung und Elastizität)

Das Notensystem ist wie folgt:

19 bis 20	=	ausgezeichnet
17 bis 18	=	sehr gut
15 bis 16	=	gut
13 bis 14	=	ziemlich gut
11 bis 12	=	befriedigend
9 bis 10	=	genügend
7 bis 8	=	ausreichend
5 bis 6	=	mangelhaft
3 bis 4	=	schlecht
1 bis 2	=	sehr schlecht

Das Endergebnis wird erreicht, indem die Ergebnisse der Richter addiert und durch die Zahl der Richter geteilt wird. Maximal sind 100 Punkte zu erreichen. Teilt man das Ergebnis durch 10, ergibt sich eine Endnote, die mit den bisherigen Bewertungssystemen bei Stuten- und Hengsteintragungen identisch ist (z.B. 85 Punkte

Pferdebeurteilung soll nicht in Fehlergucken ausarten. *Das bedeutet, daß man nicht über das Erkennen und Beachten einzelner Fehler die Gesamterscheinung und den positiven Wert eines Pferdes übersehen soll. Dessen ungeachtet kann eine Summierung von Fehlern den Gesamteindruck eines Pferdes ganz erheblich beeinträchtigen. Das sollen die beiden nachfolgenden karikaturhaften* Zeichnungen von Fehlerpferden *verdeutlichen:*

Das Pferd ist im ganzen zu lang, ist überbaut und hat keinen Körperschluß. – Grober Kopf, verdecktes, kleines Auge, Ramsnase, zu große grobe Ohren, rundes Maul, Hirschhals, vorgedrückter Unterhals, mangelhafter Widerrist, vorgelagerte steile Schulter, matter Rücken, matte Nierenpartie, extrem horizontale Kruppe, schiefe Schweifhaltung, grobes lockiges Haar in Mähne und Schweif, muskelarmer Vorarm, muskelarme Hinterhand, Vorderbein geschliffen und rückbiegig, gebrochene Zehenlinie (bärentatzig), Hinterbein zu stark gewinkelt, Sprunggelenk schlecht eingeschient, Hasenhacke.
Zeichnung: Dr. Otto Saenger

Das Pferd ist im ganzen zu kurz-
linig und wurstleibig sowie unela-
stisch, was mangelhaftes Gangvermögen und Ungeschmeidigkeit
zur Folge hat. – Kurzer derber
Kopf, derbes Mähnenhaar, kurzer
dicker Hals, steile Schulter, Widerrist nicht ausgeprägt, zu fester
Rücken, zu feste Niere, zu kurze
abschüssige runde Kruppe, einge-
steckter Schweif, Vorderbein vor-
biegig (hängt in den Knien), steile
unelastische Fessel, Hinterbein steil
mit ungenügender Winkelung,
steiles ausdrucksloses Sprunggelenk.
Zeichnung: Dr. Otto Saenger

= 8,5). Es müssen mindestens drei Richter unabhängig voneinander ihre Noten selbständig festlegen und bekanntgeben, ohne Kenntnis des Schaukataloges und ohne Information über die ihnen vorgestellten Pferde. Ein Richter darf in einer Klasse nicht richten, in der ein Pferd aus seinem Eigentum, oder ein von ihm gezüchtetes Pferd bzw. von ihm verkauftes Pferd vorgestellt wird, oder an dem er sonst in irgendeiner Weise interessiert oder beteiligt ist. Es muß auf jeder Schau mindestens ein Reserverichter zur Verfügung stehen. Durch dieses System und das offene Richtverfahren mit Hochhalten der Punkte bekommen die Zuschauer direkt beim Richten eine Information, wie die einzelnen Richter die Eigenschaften des betreffenden Pferdes bewerten. Da in jeder Note trotzdem noch eine Vielfalt von Eigenschaften und Merkmalen des betreffenden Pferdes zusammengefaßt werden, müssen naturgemäß doch individuelle Abweichungen im Geschmack und in der Gewichtung der einzelnen Merkmale nach positiver oder negativer Seite durch die verschiedenen Richter bestehen. Es ist nur absolut natürlich, wenn nur in seltenen Fällen die Richternoten völlig übereinstimmen. Dadurch, daß mehrere Richter unabhängig voneinander richten, gleichen sich unterschiedliche Bewertungen in gewisser Weise aus, so daß hier doch eine relativ gute Möglichkeit besteht, ein korrektes Ergebnis in der Bewertung der Pferde zu erzielen.

Dessen ungeachtet hat nach wie vor das schwedische Richtsystem nach Meinung des Autors mit der schwerpunktmäßigen Gewichtung von Typ und Gang seine besonderen Vorzüge. Das amerikanische Richtsystem zwingt die Richter, eine Reihenfolge in der Prämiierung nach Meinung des jeweiligen Richters festzulegen, was bei den europäischen Systemen zur Zeit nicht unbedingt so ausgeprägt ist. Insofern hat also auch das amerikanische System, wo lediglich die Reihenfolge ohne Punktierung festgelegt wird, ebenfalls seinen Vorzug. Ein guter Richter muß aber die Fähigkeit haben, mit jedem Richtsystem, wie es nun einmal in den verschiedenen Ländern gehandhabt wird, ein Prämiierungsergebnis durch seine Bewertung zu erzielen, das die nach seiner Meinung richtige Reihenfolge der Pferde in der Prämiierung sicherstellt.

Alle Vollblutaraberzüchter sollten sich dahingehend verständi-

Natürliche korrekte ungezwungene Aufstellung, *wie sie auch auf einer Schau erfolgen sollte, so daß man die richtige Neigung der Kruppe und das Sprunggelenk einwandfrei beurteilen kann.*
Der im edlen Saklawityp stehende ebenso korrekte wie schöne HAMASA EL FAGR v. Farag a. d.Menha im Alter von acht Jahren, gezüchtet von Dr. W. Georg Olms, Hamasa-Gestüt Treis, Besitzer Dr. van Wyk, Gestüt Johrhemar, Südafrika.
Der Hengst gewann auf der natio- *nalen Schau in Südafrika einmal das Juniorenchampionat und zweimal das Seniorenchampionat bzw. dreimal Gesamtchampionat jeweils bei einem anderen Richter. Außerdem gewann er 1988 das Reitpferde-Championat auf der gleichen Nationalen Schau. – Ein Hengst von außergewöhnlicher Körperharmonie, korrektem Fundament und sehr guten korrekten Gängen, gut aufgesetzter Hals und edler Kopf mit großer Ausstrahlung.*
Foto: J. Theron

Bei der Aufstellung vor den Richtern soll der Vorführer bemüht sein, die freie stolze Haltung des Pferdes so wenig wie möglich zu stören. Von Jan Calis in klassischer Manier vorgestellt: HAMASA BINT NAFTETA v. Farag a. d. Nafteta v. Kaisoon gezogen und im Besitz vom Olms Araber Hamasa Gestüt, 6301 Treis/Lda. b. Gießen.

Sie vereint Grazie und Eleganz auch in den raumgreifenden Bewegungen, ein hohes Maß an Korrektheit und ist ein hochedler Typ. Hamasa Bint Nafteta gewann das Nationale Juniorenchampionat von Deutschland 1984 in Aachen, das Juniorenchampionat beim Asil Cup International 1985 in Dillenburg.

gen, daß es nicht zu vertreten ist, wenn auf Schauen ein speziell „russischer", „ägyptischer", „spanischer", „englischer" oder „polnischer" Typ bevorzugt wird. Alle mit der Vollblutaraberzucht vertrauten Richter wissen, daß hier unterschiedliche Nuancen bestehen, die für die jeweilige Herkunft in gewisser Weise charakteristisch sind. Grundsätzlich aber darf nicht auf einer Schau die eine oder andere Nuance dominieren. Vielmehr ist es die ganz klare und nicht zu umgehende Aufgabe der Richter, hier den für alle in gleicher Weise verbindlichen Typ herauszustellen. Zusammenfassend ergibt sich aus den vorstehenden Kapiteln eindeutig, daß es für das arabische Pferd vor allen Dingen darauf ankommt, den möglichst idealen Rassetyp mit ausgewogener Körperharmonie und guten Proportionen, Korrektheit und dergleichen herauszustellen, wobei man sich hüten muß, irgendwelche Extreme in der Erscheinung eines Pferdes besonders hoch zu bewerten. Da ist z.B. die Frage, wie die Formation des Halses beurteilt werden soll. Ich bin der Meinung, daß bei der Bewertung des Vollblutarabers nicht das Prinzip vertreten werden darf: Je länger der Hals ist, umso besser ist er. Aus diesem Prinzip entsteht die Gefahr, daß man vom Rassetyp wegzüchtet. Der Vollblutaraber ist ein ausgewogen proportioniertes Pferd, das in der Gesamterscheinung harmonisch ist, aber nirgendwo – vielleicht mit Ausnahme des Typs – ein Extrem sein soll. Wenn man ihm den Hals immer länger züchten würde, würde man das ganze Pferd länger züchten, wie aus der in dieser Abhandlung dargestellten Typvariation hervorgeht, denn dieses steht im Zusammenhang. Dann züchtet man vom ursprünglichen Rassetyp weg. *Kein Extrem in irgendeinem Merkmal der äußeren Erscheinung kann beim Vollblutaraber züchterisch erwünscht sein:* Nicht maximale Größe, nicht starkes Kaliber, nicht besondere Knochenstärke (wo zu kräftige Knochen in den Beinen sind, sind sie oft auch am Kopf), nicht zuviel Brusttiefe, nicht zuviel Rundrippigkeit, nicht zu schmaler Windhundetyp, auch nicht die ganz maximalen Gänge (denn sie sind häufig für den Reiter nicht angenehm und wofür sollen sie sonst gut sein?), nicht die gerade horziontale Kruppe, denn dies ist negativ für die Kraftentwicklungsmöglichkeit der Hinterhandmuskulatur, nicht extreme Rundlichkeit (keine Eleganz), nicht zu breite, große Hufe. Sogar der ganz extreme

Kopf kann eine Überschreitung der äußersten Grenze der Schönheit in Richtung Degeneration bedeuten. Besonders wichtig ist, daß kein extremes Temperament wünschenswert ist. Der Vollblutaraber soll lebhaft und auch feurig sein, aber doch nicht heftig und schwer regulierbar. Er soll gutmütig und vertrauensvoll sein, aber auch nicht schlafmützig. Die Haut darf nicht schwammig sein. Sie soll fein und trocken sein, verbunden mit seidigem, edlem Haarkleid, so daß der Gesamteindruck von Trockenheit und Adel vermittelt wird ohne Überfeinerung. Auch die Schweifhaare sollen einen seidigen und glatten Glanz vermitteln.

Es ist innerhalb der Vollblutaraberzucht durchaus in Ordnung, wenn ein Hengst im Ausnahmefall ein Stockmaß von 1,60 m erreicht, ebenso wie es durchaus normal ist, wenn eine Stute ein Stockmaß von lediglich 1,46 m aufweist. Aber beides entspricht nicht dem Zuchtziel, das auf einer Schau am höchsten bewertet werden sollte. Wenn durch raffinierte Schauvorbereitung (mit welchen Mitteln auch immer) maximale Gänge – aber in Form von gespannten Tritten – gezeigt werden, so ist dieses Pferd nicht so positiv zu bewerten wie dasjenige, das mit aktiver kräftig anwinkelnder Hinterhand einen flüssigen aber weniger auffallenden Bewegungsablauf zeigt, der reiterlich höher bewertet werden muß.

Bei der Beurteilung des Fundaments kommt es nicht so sehr auf die Knochenstärke als vielmehr auf den skelettmechanisch richtigen Aufbau der Gelenke und Sehnen an. Lange elastische Fesseln sind meistens ein Vorzug im Hinblick auf geschmeidige Gänge, während kurze steile Fesseln immer ein Fehler sind.

Bei der Auswahl eines Championatsgewinners dürfen nie Konzessionen im Typ, besonders auch im Geschlechtstyp gemacht werden. Wenn in Rasse- und Geschlechtstyp ein besseres Pferd bei sonst ähnlicher Qualität zur Wahl steht, ist dieses bei der Auswahl des Champions stets vorzuziehen. Nur mit diesem Prinzip kann eine Schau richtungweisend für die Zucht sein und bleiben.

Beim Aufstellen der Pferde vor den Richtern soll jede Verkrampfung und unnatürliche Beeinflussung des Pferdes unterbleiben. Im idealen Fall sollte ein gutes Vertrauensverhältnis zwischen Pferd und Vorführer deutlich zum Ausdruck kommen. Daß auf

Robuste Aufzucht – gesunde gute
Pferde.

*So natürlich, wie diese 2-jährige
Stute frei und ungezwungen auf
der Herbstweide steht, sollten
Schaupferde auch vor den Richtern aufgestellt werden: Die korrekten Beine und Gelenke sind gut
zu beurteilen, guter Widerrist,
schräge Schulter, elastischer Rük-
ken, gute Hinterhand, klassischer
Typ. – Diese Jungstute ist seit April*
*bis zum Zeitpunkt der Aufnahme
im Oktober 89 ununterbrochen
auf der Weide gewesen, war in
dieser Zeit nicht im Stall, ist daher
gesund und robust aufgezogen
und hat trotz Haarwechsel noch
Glanz im Haarkleid:*
SHAMS ANTHEA *von Farouk u.
d. Shams el Arabia von Ibrahim,
Züchterin: Frau Doris Saenger,
Gestüt El Shams in 2071 Delingsdorf. Foto: Dr. Otto Saenger*

jeden Fall die unnatürliche Streckhaltung vermieden werden muß, weil ein so aufgestelltes Pferd überhaupt nicht korrekt beurteilt werden kann, wurde bereits hervorgehoben.

Leider läßt es sich auf den meisten Schauen nicht ermöglichen, daß die Pferde in der freien Bewegung gezeigt werden, weil vielfach die Zeit dazu fehlt. Dessen ungeachtet muß hier jedoch erwähnt werden, daß die optimale Typausstrahlung und die stärkste Persönlichkeitsentfaltung sowie Charme und Schönheit des arabischen Pferdes im Grunde genommen erst in der freien Bewegung voll zur Entfaltung kommen.

Bei der Bewertung der Pferde ist und bleibt es von entscheidender Bedeutung, daß jeder Richter seine Bewertung auch sachlich begründen kann.

„Arabergemäße Haltung": Die Stutenherde des Gestüts „El Shams" von Frau Doris Saenger und Dr. Otto Saenger in Delingsdorf bei Hamburg. – Abendfrieden im Sommer 1989.

DIE BEURTEILUNG DES ALTERS

Zu jeder Pferdebeurteilung gehört auch unbedingt die Fähigkeit, das Alter des Pferdes nach den Zähnen hinreichend genau bestimmen zu können. Im einzelnen soll hierauf in dieser Abhandlung nicht eingegangen werden. Die genauen Darstellungen finden sich in den eingangs aufgeführten Fachbüchern, in der Regel in jedem bekannten Pferdefachbuch über Pferdezucht. Die Beurteilung des Zahnalters muß ergänzt werden durch die Beurteilung des altersmäßig bedingten Gesamteindruckes. Dieses muß ausschließlich durch praktische Erfahrung erworben werden. Um die Zahnalterbestimmung immer präsent zu haben, ist es durchaus angebracht, das nachfolgende Gedicht auswendig zu lernen, das die wichtigsten Grundzüge der Zahnalterbestimmung enthält:

Kaum ist zur Welt ein junger Gaul,
bekommt er Zangen schon in's Maul.
Dann kommen in den ersten Wochen
die Mittelzähn' hervorgebrochen.
Mit sechs bis neun mal dreißig Tagen
die Eckzähne hervor sich wagen.
Hat er alsdann die Milchzähn' all,
so fühlt er sich recht wohl im Stall.
Mit zweiundeinhalb Jahren fangen
zu wechseln an zunächst die Zangen.
Mit dreiundeinhalb Jahr
folgt diesen dann das Mittelpaar.
Mit viereinhalb an beiden Ecken
sich die Ersatzeckzähne recken; –
das Füllen wird nunmehr zum Pferd, –
der Hengst mit Haken ausbewehrt.
Mit sechs Jahr'n sind sodann die Kunden
der Zangen völlig fast verschwunden.
Am Mittelzahn sind sie mit sieben,
mit acht am Eckzahn abgerieben.
Die Reibefläche an den Zähnen

ist nun besonders zu erwähnen:
War sie mit sechs erst ziemlich schmal,
wird sie jetzt rundlich, queroval,
mit ca. 14 nimmt sie dann
die Dreiecksform allmählich an.
Denn von der Seite her geseh'n
war senkrecht erst der Stand der Zähn'.
Im Lauf der Jahre sieht sich dann
der Zahnstand immer schräger an,
das Pferd bekommt den langen Zahn,
die Dreiecksform wird länglich dran.
Das hohe Alter kann man kennen,
das Lebensjahr genau nicht nennen.

DIE ENTWICKLUNG NACH 1990 IN DER
VOLLBLUTARABERZUCHT DEUTSCHLANDS

Die in der Nachkriegszeit, vor allem aber in den 70er Jahren, stark aufblühende deutsche Vollblutaraberzucht war lange Jahre gekennzeichnet durch das Ringen um ein einheitliches Zuchtziel, das sich weitgehend an den klassischen Werten und Besonderheiten des ursprünglichen arabischen Pferdes orientierte. Eine konsequente züchterische Betreuung der Mitglieder durch den Verband und eine systematische Selektion im Hinblick auf dieses Zuchtziel verschaffte der deutschen Vollblutaraberzucht schon nach verhältnismäßig kurzer Entwicklungszeit Weltgeltung. Es gelang, in Deutschland Vollblutaraberpferde zu züchten, die international Beachtung erlangten durch ihre Vererbungskraft, ihre arabische Ausstrahlung und bestechende Schönheit. Der „Verband der Züchter des arabischen Pferdes" und seine Vorgänger waren Züchterorganisationen im eigentlichen Sinne. Das bedeutet, daß man gemeinsam bestrebt war, die ursprüngliche Typvielfalt, aber auch die besonders positiven Merkmale, die den Araber generell auszeichnen, zu erhalten und züchterisch zu festigen. Die Erhaltung einer züchterischen Qualität im Hinblick auf Vererbungssicherheit bedeutet, daß der Züchter in der Lage sein muß, die Abstammung seiner Pferde ebenso sorgfältig beurteilen zu können wie den Typ und das Exterieur. Leistungsnachweise wurden damals als unverzichtbare Kriterien für die Erhaltung von Gesundheit und Härte beachtet.

Leben ist Bewegung, ist Weiterentwicklung. Das Erbgut aller Lebewesen auf dieser Welt ist nichts, was ein für allemal festgelegt ist. Vielmehr ergeben sich ständig geringfügige Änderungen im Aufbau der erblichen Struktur, so daß die Auswahl des Züchters oder die Auswahlkriterien der natürlichen Lebensbedingungen Einfluß haben auf die Entwicklung einer Rasse. Weil dies so ist, muß der Züchter ständig auf der Hut sein, damit Fehlentwicklungen oder Degenerationen und Erbfehler die züchterische Entwicklung nicht negativ beeinträchtigen. Diese Problematik, die hier nur stichwortartig angedeutet werden soll, wurde für die Zeit bis etwa Ende der 80er Jahre in der deutschen Vollblutaraberzucht sorgfältig beachtet. Dieses charakterisiert im eigentlichen Sinne des Wortes einen Zuchtverband. Durch die Bildung der WAHO (World Arabian Horse Organisation) im Jahre 1972 kamen aber allmählich andere Einflüsse in die deutsche Vollblutaraberzucht hinein. In den USA gibt es im vorgenannten Sinne keinen Zuchtverband. Dort ist ausschließlich eine Vereinigung tätig, die die Abstammungen registriert. Die Selektion und die züchterische Arbeit ist völlig dem Belieben der einzelnen Züchter überlassen. Im Rahmen eines solchen Registrierverbandes ist durchaus die Möglichkeit gegeben, daß sich eine bunte Vielfalt im Laufe der Entwicklung bezüglich des Erscheinungsbildes der arabischen Pferde herauskristallisiert.

Als im Jahre 1989 die letzte zentrale staatliche Hengstkörung für Vollblutaraberhengste stattfand und durch Änderung des Tierzuchtgesetzes es seitdem den Verbänden überlassen bleibt, ob sie eine Selektion der Zuchtpferde vornehmen oder nicht, hat sich im „Verband der Züchter des Arabischen Pferdes" in Deutschland eine entscheidende Änderung ergeben. Durch Beschluß der Mitgliederversammlung kam die züchterische Arbeit im Verband weitgehend zum Erliegen. Alle Hengste, die die Züchter benutzen wollten, mußten eingetragen werden. Eine Stutenbewertung oder Fohlenbewertung bei der Zuchtbuchaufnahme entfiel. Den Züchtern wurde damit eine wesentliche Möglichkeit der Qualitätsorientierung entzogen, insbesondere auch dadurch, daß die Erfordernisse der Leistungsprüfungen bei Hengsten entfielen und nur noch freiwillig durchgeführt wurden.

Gleichzeitig nahm der Einfluß geschäftlicher Interessen in der Vollblutaraberzucht in starkem Maße zu. Es wurde durch die Entwicklung der speziellen Zeitschriften für arabische Pferde immer stärker Werbung getrieben, so daß die Zucht sich immer mehr nach finanziellen Gesichtspunkten ausrichtete. Derartige Werbung hatte zur Folge, daß sich innerhalb der Vollblutaraberzüchter Gruppierungen bildeten, die allein schon durch die sprachlichen Ausdrucksformen nicht gerade überzeugend wirken konnten, aber auf viele Anfänger Eindruck machten. So kamen die Begriffe „rein russische", „rein polnische", „rein ägyptische", „rein spanische" Vollblutaraber auf, um nur einige

Beispiele zu nennen. Nicht alles, was sich unter solcher Flagge zu profilieren suchte, orientierte sich an dem ursprünglich in Deutschland herausgearbeiteten Zuchtziel. So entstanden unter den Züchtern verschiedene Gruppierungen. Demgegenüber hielt sich vor allen Dingen der Asil Club konsequent an das alte und im Grunde genommen bleibende Zuchtziel der Vollblut-araberzucht, nämlich ein Pferd weiterzuzüchten und zu erhalten bzw., soweit das möglich ist, zu vervollkommnen, das dem ursprünglichen Beduinenpferd in Abstammung und Exterieur möglichst nahesteht.

Parallel dazu entwickelte sich das Schau-Wesen nach amerikanischem Muster immer stärker in Europa. 1984 wurde das EAHSC (European-Arab-Horse-Show-Committee) gegründet. Im Zuge der weiteren Entwicklung wurde daher die Bewertung der Pferde nicht nur mit Punkten, sondern auch mit Geld immer stärker geprägt durch die Erfolge auf den Schauen, die somit einen erheblichen Einfluß bekamen auf die Weiterentwicklung der Araberzucht. Dies hatte jedoch keineswegs nur positive Auswirkungen. Standard wurde bei der Bewertung der Pferde auf den Schauen erst das 10-Punkte-System, dann das 20-Punkte-System für fünf Kriterien, später durch Differenzierung der Be-wegungsnote in Schritt und Trab sogar sechs Kriterien. Die Idee für dieses System, nämlich dem Züchter eine gute Orientierung zu geben über die Vorzüge und gegebenenfalls Schwächen eines Pferdes, war gut und in der praktischen Anwendung zunächst einigermaßen wirkungsvoll. Im Laufe der Jahre hat es sich jedoch auf den großen Schauen herausgestellt, daß die Richter zuweilen nur noch zwischen 17 und 20 Punkten in ihrer Notengebung differieren, die Rangierung der Pferde keine Orientierung bietet und die ursprüngliche Orientierung der Züchter ganz verloren geht.

Hinzu kam, daß insbesondere jahrelang z.B. durch das „Araber Journal" immer wieder die Reitpferdepoints im Sinne der Warmblutzucht als besonders wichtig herausgestellt wurden, und die Noten für Fundament und Exterieur an der Gesamtnote einen immer höheren Anteil bekamen. Dazu gesellte sich eine ganz abwegige Mode, die aus den USA herüberschwappte, bei der zwei völlig untypische Eigenschaften für den Araber, nämlich lange Hälse und großer Rahmen, als besonders züchterisch erstrebenswert und deshalb als hoch zu punktieren angesehen wurden.

Die Entwicklung durch das jetzt praktizierte Schausystem zeigt somit große Risiken für die Ausrichtung der Zucht.

Das 5 x 20-Punkt-System, das auf Schauen heute in der Regel angewendet wird, hat entscheidende Nachteile:

1. der für die Rasse ausschlaggebende Gesamteindruck des Pferdes hat an Bedeutung verloren, weil die Gebäude- und Fundamentnoten weitgehend überwiegen.
2. dieses Punktiersystem verleitet die Richter dazu, großlinige Pferde mit langen Hälsen und großem Rahmen sowie derbem Fundament zu gut zu punktieren.
3. es wird vom Originaltyp weggezüchtet in Richtung auf ein arabisch geprägtes Reitpferd für den modernen Turniersport.
4. das sofortige Bekanntgeben der Punktierung der einzelnen Richter durch die hochgehaltenen Notenschilder hat letzten Endes bewirkt, daß die Richter in der Benotung nicht genug differenzieren, – sie wollen sich schließlich nicht unbeliebt machen.

Wenn man schon ein solches differenziertes Punktesystem bei der Bewertung auf Schauen anwenden will, dann hat sich nach meiner Überzeugung nur das in Schweden übliche System bewährt, in dem zwar auch fünf Kriterien bewertet werden: Arabertyp, Schritt und Trab, Fundament, Kopf und Hals, Oberlinie und Kruppe. Aber bei diesem System wird eine Gewichtung vorgenommen. Maximal können fünf Punkte vergeben werden. Die Typnote wird mit sechs multipliziert, die Bewegungsnote mit fünf und die übrigen Noten mit drei. Dadurch errechnen sich als Höchstwert 100 Punkte, und die Pferde mit dem besten Typ und gleichzeitig sehr gutem Bewegungsablauf kommen automatisch an die Spitze. Es ist durchaus gerechtfertigt, daß gewisse Mängel in Exterieur und Fundament nicht so gravierend bewertet werden. Und wenn der Bewegungsablauf gut ist, können die Beine nicht schlecht sein.

An dieser Stelle möchte ich eine ganz persönliche Überlegung einfügen: Wenn man die Evolution des Lebens auf diesem Planeten überblickt, so wie sie heute auch aus der Forschung bekannt ist, dann ergibt sich die notwendige Erkenntnis, daß alles Leben auf dieser Welt, also auch das arabische Pferd, eine geradezu erstaunliche Entwicklungs- und Entfaltungsmöglichkeit gehabt hat und heute vielleicht durch die Erkenntnisse der Vererbungslehre noch stärker hat. Warum sollten also nicht Weiterentwicklungen in spezielle und differenzierte Richtungen möglich sein? Diejenigen, die in dem jetzt praktizierten Schauwesen ihre Bestätigung und ihre Freude finden, sollten nach meiner Meinung ruhig so weiter züchten und z.b. ein schönes großliniges edles Pferd mit arabischem Überguß entwickeln, das sicher auch für den modernen Reitsport sehr geeignet ist. Daneben wäre es vorstellbar, daß sich ein Kern des Verbandes ein Selektions- und Schausystem entwickelt, wie es z.b der Asil Club praktiziert, der sich der Erhaltung des originären Typs und der Fortentwicklung seiner besten Eigenschaften als Vielseitigkeitspferd und als ausdauerndes Geländepferd zum Ziel gesetzt hat. Auch weitere Differenzierungen wären denkbar, wenn sich z.B. die Züchter, die auf spanischer Grundlage züchten, die Besonderheiten dieser Blutlinien als Ziel setzen. Weitere Differenzierungen deuten sich ja bereits an, z.b. bei Rennarabern oder speziellen Pferden für das Westernreiten, das ja ein besonders stabiles Nervenkostüm erfordert. Wichtig ist, daß alle, die arabische Pferde züchten, Freude an ihren Pferden und ein breites Betätigungsfeld entsprechend ihren Neigungen und Wünschen haben.

Um den oben dargestellten negativen Entwicklungen des zur Zeit auf europäischen Schauen praktizierten Schausystems einen Riegel vorzuschieben, möchte ich jedoch für diejenigen Schauen, die sich der Originalzucht verpflichtet fühlen, ein anderes Richtsystem vorschlagen, das sich letzten Endes an dem in der deutschen Pferdezucht allgemein seit vielen Jahrzehnten bewährten System orientiert: Dabei ist das Einzel-Richtersystem ebenso möglich wie der Einsatz von drei Richtern zur besseren Ausbalancierung der Bewertung. Jeder Richter aber wird verpflichtet, nach Abwägung seiner Einzelbeurteilung die Reihenfolge in der Klasse, die zu richten ist, festzulegen vom ersten bis zum letzten Pferd. Es ist aber dem Richter nicht erlaubt, mehrere zweite oder dritte Plätze (z.B.) zu vergeben. Die Plazierung ergibt sich dann aus der Addition der Plazierungen aller Richter. So ist z.B. beim Einsatz von drei Richtern die höchstmögliche Note drei (dreimal 1. Platz).

Es bleibt dabei dem einzelnen Richter überlassen, ob er die Reihenfolge für sich persönlich durch differenzierte Einzelnoten nach dem herkömmlichen Schema begründet.

Nach diesem System würde die Plazierung z.B bei 20 Pferden in einer Klasse von 1 bis 20 nichts aussagen über die Durchschnittsqualität einer Klasse. Dieses kann, wie es in der deutschen Pferdezucht sonst auch allgemein üblich ist, dadurch charakterisiert werden, daß die Richter, nachdem die Reihenfolge der Pferde festliegt und die Pferde in dieser Reihenfolge auf dem Ring rangiert sind, dann festlegen, bis zu welchem Platz 1., 2. oder 3. Preise vergeben werden. Wenn also eine Klasse eine sehr gute Durchschnittsqualität hat, werden viele 1. Preise vergeben, und wenn die Durchschnittsqualität gering ist, werden vielleicht nur sehr wenige oder vielleicht gar keine erste Preise vergeben. Dieses System hat jedenfalls den klaren Vorteil, daß eine nach Meinung der Richter eindeutige Rangierung erfolgt und somit eine unter Umständen vom Einzelrichter gar nicht gewollte zu hohe oder zu niedrige Bewertung durch die Kompliziertheit des Punktsystems vermieden wird.

Es erscheint mir unbedingt notwendig, daß es offizielle Zuchtschauen gibt, in denen so gerichtet wird, daß Modeerscheinungen oder aus Amerika kommende Trends nicht ausschlaggebend für die Bewertung sein dürfen.

Gut Wengelsdorf, Sept. 1996

SCHLUßBETRACHTUNG

Die Ausführungen in diesem Buch über die Beurteilung des Vollblutarabers sollen deutlich machen, daß es praktisch in allen Vollblutaraber-züchtenden Ländern der Welt möglich ist, den edlen, typtreuen und besonders schönen Vollblutaraber zu züchten und langfristig auch seinen entsprechenden Rassetyp zu erhalten.

Es soll jedoch abschließend hervorgehoben werden, daß hierfür zwei Voraussetzungen unabdingbar sind:

1. Die Fütterung und Haltung des Vollblutarabers muß maßvoll und vernünftig, d.h. „arabergemäß" gehandhabt werden, wie es in dem breit angelegten Kapitel zu Beginn dieses Buches dargestellt wurde.
2. Um genetisch die Erhaltung des arabischen Typs mit allen seinen wertvollen Eigenschaften abzusichern, darf man nicht die größten und derbsten Hengste zur Zucht benutzen sondern die edelsten und absolut typklaren.

Bei Anwendung dieser Prinzipien wird der züchterische Erfolg nicht ausbleiben.

Documenta Hippologica
Darstellungen und Quellen
zur Geschichte des Pferdes

ASIL ARABER IV – Arabiens edle Pferde
Eine Dokumentation, herausgegeben vom Asil Club. Texte in Deutsch,
Englisch und Arabisch, Hildesheim 1993. 936 S. mit über 500, meist farb.
Abb. Geb. ISBN 3-487-08339-6 DM 98,–
Erstveröffentlichung/Original Publication!

KIRSCH, KARL-HEINZ, Blut – Adel – Leistung
Der Einfluß der ägyptischen Originalaraber. 2. Auflage Hildesheim 1987.
172/CIV S. mit 92 Abb. ISBN 3-487-07381-1 DM 58,–
Erstveröffentlichung/Original Publication!

KLYNSTRA, F. B., Nobility of the Desert
The Arab Horse of the Bedouins. Überarbeitet und von Kathleen Schmitt
und Sigrid Eicher übersetzte Ausgabe der deutschen Erstausgabe.
185 S. mit zahlr. farbigen Abb. Leinen.
ISBN 3-487-08318-3 DM 54,–
Erstveröffentlichung/Original Publication!

RASWAN, CARL R., Trinker der Lüfte
Zürich o. J. 2. Reprint: Hildesheim 1990. 154 S. mit zahlr. Fotos des
Verfassers. ISBN 3-487-08140-7 DM 34,80

RAU, GUSTAV – DUERST, J. ULRICH, Pferdebeurteilung
Enthält: RAU, GUSTAV, Die Beurteilung des Warmblutpferdes. Berlin
1935. Mit einem Vorwort von Landoberstallmeister Georg Wenzler. 62
S. mit zahlreichne Photographien. (Anleitungen der Deutschen Gesell-
schaft für Züchtungskunde, Heft 36–38); DUERST, J. Ulrich, Die Beur-
teilung des Pferdes [Auszüge]. Stuttgart 1922. [230 S.] mit zahlreichen
Abb. 2. Reprint: Hildesheim 1996.
ISBN 3-487-08210-1 DM 48,–

Olms Presse
Hagentorwall 7 · D-31134 Hildesheim
Empire State Building, 350 Fifth Ave. · Suite 3304
New York, N. Y. 1 01 18-00 69, USA